초등
국어
문법이
쓰기다

①

〈초등 국어 문법이 쓰기다〉, 이런 책입니다.

직접 쓰며 마무리하는 초등 국어 문법

〈초등 국어 문법이 쓰기다〉는 초등학교 5~6학년 국어 교과서와 중학교 1학년 국어 교과서의 **문법 내용을 총정리**하고, 배운 내용을 완결된 문장으로 직접 써 보며 **문법에 맞는 쓰기**를 함께 연습할 수 있는 통합 교재입니다.

재미있고, 쉽게, 단계적으로

재미있는 **일상 속 글과 그림으로** 개념을 접하고, 단어에서 단순한 문장, 복잡한 문장, 지문 순서로 이어지는 **단계적 문제 풀이**로 어려운 문법 개념을 쉽게 익힐 수 있도록 구성했습니다.
개념을 익히고 나면, **문법에 맞는 문장을 직접 써 보며** 배운 내용을 마무리할 수 있습니다.

교과 연계 지문과 어휘를 한 번에

문제와 보기에서 다룬 단어로는 초등 5~6학년 국어 **교과서 어휘**를 다수 수록했습니다. 단어의 뜻풀이는 모두 국립국어원 〈표준국어대사전〉을 참고해 학습자의 수준에 맞도록 일부를 가공했습니다.
지문으로는 국어, 사회, 과학, 일상생활 등 초등 고학년에서 예비 중학생 수준의 **교과 내용과 연계한 다양한 주제의 글**을 수록했습니다. 지문을 읽으며 교과와 연계된 다양한 주제의 배경지식을 함께 쌓을 수 있습니다.

문법을 익히면 국어 실력이 쑥쑥

중·고등학교에서 배우는 국어 문법은 초등학교 내용을 심화해 다루는 것이 많습니다. 따라서 미리 초등 국어 교과에서 다루는 문법을 탄탄히 다지는 것이 중요합니다. 〈초등 국어 문법이 쓰기다〉는 2015 교육과정 개정안의 초등학교 5~6학년군 국어과 **단원별 성취 기준**을 바탕으로 했으며, 심화 내용은 중학교 1~3학년군 국어과 문법을 참고했습니다. 어렵고 생소한 국어 문법 개념을 쉽고 단계적으로 정리하며, 중·고등학교 국어 문법과 문장 쓰기 연습의 기초를 다질 수 있도록 구성했습니다.

구성과 특징

개념을 만나고

● 다양한 그림을 통해
쉽고 재미있게 개념 학습

단계적으로 익히고

● 단어 → 문장 → 지문으로
이어지는 단계적 문제 풀이
● 마지막 문제는
문장 쓰기 유형으로 서술형 대비

| 단어 | 문장 | 지문 |

직접 쓰며 마무리하자!

● 문법에 맞는 문장 직접 써 보기
● 짧은 문장 → 긴 문장으로
이어지는 쓰기 연습
● 나만의 문장 쓰기 코너로
단원 마무리

| 짧은 문장 | 긴 문장 | 나만의 문장 |

차 례

단원	초등	중·고등
1. 단어의 의미 관계	초등 국어 5-1 5. <글쓴이의 주장> 초등 국어 6-1 6. <내용을 추론해요>	고등 국어 - 언어와 매체 <단어 간의 의미 관계>
2. 단어의 짜임	초등 국어 5-1 8. <아는 것과 새롭게 안 것>	고등 국어 - 언어와 매체 <단어의 형성>
3. 문장 성분	초등 국어 5-1 4. <글쓰기의 과정> 초등 국어 5-2 4. <겪은 일을 써요>	중등 국어 3학년 <문장의 짜임과 양상> 고등 국어 - 언어와 매체 <문장 성분>
4. 품사	초등 국어 4-2 5. <의견이 드러나게 글을 써요> 초등 국어 5-1 4. <글쓰기의 과정>	중등 국어 1-1, 1-2 <품사의 종류와 특성> 고등 국어 - 언어와 매체 <품사>
5. 올바른 우리말 쓰기	초등 국어 5-2 8. <우리말 지킴이> 초등 국어 6-1 7. <우리말을 가꾸어요>	고등 국어 - 언어와 매체 <국어 생활> <높임 표현>

문법 개념은 초등 교과에서 배운 내용이 중·고등 문법에서 다시 등장합니다. 미리 잘 공부해 두면 중·고등 국어 예습이 될 수 있겠죠?

단어의 의미 관계

❶ 유의어·반의어
❷ 상의어·하의어
❸ 동형어·다의어

각각의 단어가 의미상 어떤 관계에 있는지 알아요.

뜻이 비슷한지 반대인지,
다른 단어를 포함하는지 다른 단어에 포함되는지,
소리는 같지만 뜻이 다른 말들은 무엇이 있는지 등에 따라
단어를 분류해요.
유의어와 반의어, 상의어와 하의어는 각각
유의 관계와 반의 관계, 상하 관계에 있다고도 표현해요.

크다 ↔ 작다 ≒ 조그맣다

교과 연계

유의어 · 반의어

일상에서 나타나는 문법

더러운 얼룩,
지저분한 때!

깨끗한
새 옷처럼!

유의어 뜻이 비슷한 말	'더러운 얼룩'의 '더럽다'와 '지저분한 때'의 '지저분하다'는 뜻이 비슷한 말이므로 유의어입니다.	더러운 ≒ 지저분한
반의어 뜻이 반대인 말	'더러운 얼룩'의 '더럽다'와 '깨끗한 새 옷처럼'의 '깨끗하다'는 뜻이 반대인 말이므로 반의어입니다.	더러운 ↕ 깨끗한

유의어: 뜻이 비슷한 말

생선 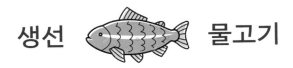 물고기

'생선'과 '물고기'는 유의어이지만, '생선구이' 대신 '물고기구이'라는 표현을 쓰면 어색한 느낌이 듭니다. '생선'은 물고기 중에서도 먹기 위해 잡은 것을 가리키는 데 주로 쓰는 말이기 때문입니다. 이처럼 유의어를 쓸 때는 **단어가 주는 느낌을 고려해 사용**해야 합니다.

단어로 개념 알기

1 바른 설명이 되도록 ○표 하세요.

1   '**생선** / **물고기**'는 뜻이 〔비슷한 말〕 반대인 말 이므로

두 단어는 〔유의어〕 반의어 입니다.

2   '**교사** / **선생님**'은 뜻이 비슷한 말 | 반대인 말 이므로

두 단어는 유의어 | 반의어 입니다.

3   '**이** / **치아**'는 뜻이 비슷한 말 | 반대인 말 이므로

두 단어는 유의어 | 반의어 입니다.

4   '**책방** / **서점**'은 뜻이 비슷한 말 | 반대인 말 이므로

두 단어는 유의어 | 반의어 입니다.

반의어: 뜻이 반대인 말

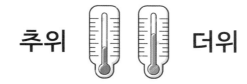

추위 　　 더위

반의어는 뜻이 반대이면서 동시에 공통점이 있는 말이기도 합니다. 예를 들어 '추위'와 '더위'는 뜻이 반대이지만, 날씨에 관련된 말이라는 공통점이 있습니다. 이처럼 반의어는 **공통되는 부분이 있으면서, 동시에 반대되는 의미를 가진** 말입니다.

2 바른 설명이 되도록 ○표 하세요.

1 '**추위** / **더위**'는 뜻이 │ 비슷한 말 │ (반대인 말) │ 이므로

두 단어는 │ 유의어 │ (반의어) │ 입니다.

2 '**위** / **아래**'는 뜻이 │ 비슷한 말 │ 반대인 말 │ 이므로

두 단어는 │ 유의어 │ 반의어 │ 입니다.

3 '**좁다** / **넓다**'는 뜻이 │ 비슷한 말 │ 반대인 말 │ 이므로

두 단어는 │ 유의어 │ 반의어 │ 입니다.

4 '**가볍다** / **무겁다**'는 뜻이 │ 비슷한 말 │ 반대인 말 │ 이므로

두 단어는 │ 유의어 │ 반의어 │ 입니다.

3 밑줄 친 말의 유의어를 고르세요.

1	**물고기**가 헤엄치다.	(생선)	(과일)	(꽃게)
2	이 **마을**은 살기 좋다.	(교실)	(동네)	(공원)
3	초콜릿이 **달콤하다**.	(짜다)	(맵다)	(달다)
4	난 네가 너무 **밉다**.	(싫다)	(좋다)	(곱다)

4 밑줄 친 말의 반의어를 고르세요.

1	설악산을 **등산**하다.	(하산)	(등반)	(산책)
2	이 옷은 **추위**에 강하다.	(날씨)	(더위)	(겨울)
3	담배는 몸에 **해롭다**.	(이롭다)	(가엾다)	(엄하다)
4	신제품을 **공개하다**.	(굽히다)	(감추다)	(거르다)

5 밑줄 친 말이 서로 유의어인지 반의어인지 쓰세요.

1 흥부는 몹시 **가난했지만**, 형인 놀부는 무척 **부유했다**. ( )

2 내 꿈은 우리 담임 **선생님**처럼 훌륭한 **교사**가 되는 것이다. ( )

3 우리 언니와 남동생은 **공통점**도 많지만, **차이점**도 많다. ( )

4 우리 회사는 자원을 **수입**해 제품을 만들어 **수출**하고 있다. ( )

6 밑줄 친 말의 유의어 혹은 반의어를 <보기>에서 찾아 쓰세요.

1 그날은 내가 너무 바빠서 전화할 **틈**도 나지 않았다. (유:)

2 우리 반의 쓰레기 처리 방법에 대해 **토의**해 봅시다. (유:)

3 **행복**한 가정에는 항상 웃음소리가 끊이지 않는 법이다. (반:)

4 이 지역은 갑작스러운 태풍 때문에 큰 **피해**를 입었다. (반:)

보기   가해 / 겨를 / 토론 / 불행

7 다음 글을 찬찬히 읽어 보고, 앞서 배운 개념들을 떠올리며 물음에 답하세요.

병원에 가면 우리는 흰 가운을 입은 의사들을 만날 수 있습니다. 음식점의 주방 안에서는 흰 모자를 쓰고 흰옷을 입은 요리사들을 볼 수 있지요. 의사와 요리사가 일터에서 흰색 옷을 입게 된 까닭은 이들이 청결이 특히 중요한 공간에서 일을 하는 사람들이기 때문입니다.

병원이 **깨끗하지** 않으면 환자에게 병균이 옮기 쉽고, 이 때문에 병이 악화될 수도 있습니다. ㉠또 주방이 청결하지 않으면 음식에 더러운 균이 생겨나, 이 균이 음식을 먹은 사람에게 병을 일으킬 수도 있습니다. 흰옷을 입으면 주변 환경이 더러워졌을 때 이를 금방 알아차릴 수 있다는 **장점**이 있습니다. 이 때문에 의사와 요리사가 흰옷을 입고 일을 하게 된 것입니다.

사회/ 관련 주제: 옷의 기능과 장소, 상황에 맞는 옷차림 (초등 실과)

1 다음 주어진 말이 서로 비슷한 뜻이 되도록 '깨끗하지'의 유의어를 ㉠에서 찾아 쓰세요.

병원이 깨끗하지 않으면 ≒ 병원이 (   ) 않으면

2 밑줄 친 '장점'의 반의어를 떠올려 쓰세요.   (   )

3 밑줄 친 '장점'과, '장점'의 반의어를 <u>모두</u> 사용해 짧은 문장을 만드세요.

문장 쓰기:

※ 서로 뜻이 비슷하거나 반대인 문장 쓰기
※ 어떤 대상 사이의 공통점이나 차이점을 비교하는 문장 쓰기

❶ 밑줄 친 말의 **유의어**를 찾아 ○표 하고, **뜻이 비슷한 문장**을 쓰세요.

❷ 밑줄 친 말의 **반의어**를 찾아 ○표 하고, **뜻이 반대인 문장**을 쓰세요.

---

1 국물이 **매콤하다**.

(시다)

(맵다)

→ 국물이 맵다.

---

1 나는 **기쁘다**.

(즐겁다)

(슬프다)

↔

---

2 영화가 **지루하다**.

(무섭다)

(따분하다)

→

---

2 계곡이 **깊다**.

(얕다)

(두껍다)

↔

---

3 수호는 **이**가 가지런하다.

(치아)

(입술)

→

---

3 실내 공기가 **습하다**.

(축축하다)

(건조하다)

↔

---

❸ 뜻이 비슷한 문장이 되도록
빈칸에 알맞은 말을 떠올려 쓰세요.

---

1 나는 늘 책상을 **청결하게** 관리한다.

→ 나는 늘 책상을 ⌜깨끗하게⌟ 관리한다.

---

2 쓰레기 때문에 주변이 **지저분했다**.

→ 쓰레기 때문에 주변이 ⌈　　　　　⌉ .

---

3 사소한 일에 **분노하지** 마라.

→ 사소한 일에 ⌈　　　　　⌉ 마라.

---

❹ 앞말과 뜻이 반대가 되도록
빈칸에 알맞은 말을 떠올려 쓰세요.

---

1 흥부는 가난하지만, 놀부는 ⌈　　　　　⌉ .

---

2 토끼는 게으르지만, 거북이는 ⌈　　　　⌉ .

---

3 이 의자는 불편하지만, 저 의자는 ⌈　　　　⌉ .

2

상의어 · 하의어

일상에서 나타나는 문법

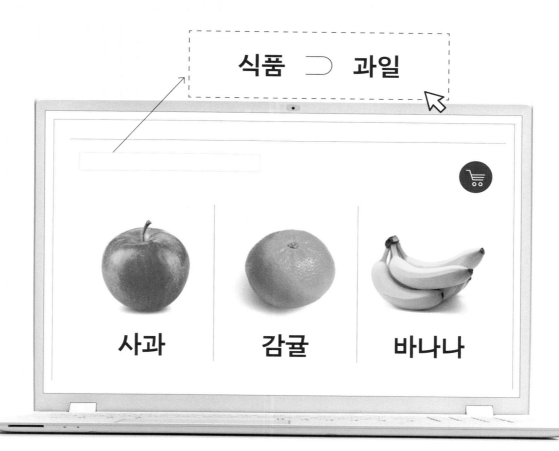

식품 ⊃ 과일

사과　　　감귤　　　바나나

개념 만나기

상의어 다른 말을 포함하는 말	'식품'은 '과일'을 포함하는 말이므로 '과일'의 상의어입니다. '과일'은 '사과'를 포함하는 말이므로 '사과'의 상의어입니다.	식품⊃과일⊃사과
하의어 다른 말에 포함되는 말	'사과'는 '과일'에 포함되는 말이므로 '과일'의 하의어입니다. '과일'은 '식품'에 포함되는 말이므로 '식품'의 하의어입니다.	사과⊂과일⊂식품

상의어: 다른 말을 **포함하는 말**

전자 제품 ⊃ **가전제품** ⊃ **세탁기 · 청소기 · 냉장고**

단어로 개념 알기

1 바른 설명이 되도록 ○표 하세요.

---

1 '**가전제품**'은 '**세탁기**'를 ⟨포함하는 말⟩ | 포함되는 말 이므로

세탁기의 ⟨상의어⟩ | 하의어 입니다.

---

2 '**악기**'는 '**단소**'를 포함하는 말 | 포함되는 말 이므로

단소의 상의어 | 하의어 입니다.

---

3 '**가구**'는 '**침대**'를 포함하는 말 | 포함되는 말 이므로

침대의 상의어 | 하의어 입니다.

---

4 '**옷**'은 '**청바지**'를 포함하는 말 | 포함되는 말 이므로

청바지의 상의어 | 하의어 입니다.

청소기 ⊂ 가전제품 ⊂ 전자 제품

'가전제품'은 '전자 제품'의 하의어임과 동시에 '청소기'의 상의어도 될 수 있습니다. 이처럼 단어의 상하 관계는 어떤 단어와의 의미 관계인지에 따라 상대적인 개념입니다.

2 바른 설명이 되도록 ○표 하세요.

1 '**세탁기**'는 '**가전제품**'에 | 포함하는 말 | (포함되는 말) | 이므로

대신 쓸 수 있는
단어를 써 보세요.

가전제품의 | 상의어 | (하의어) | 입니다.

2 '**단소**'는 '**악기**'에 | 포함하는 말 | 포함되는 말 | 이므로

대신 쓸 수 있는
단어를 써 보세요.

악기의 | 상의어 | 하의어 | 입니다.

3 '**침대**'는 '**가구**'에 | 포함하는 말 | 포함되는 말 | 이므로

대신 쓸 수 있는
단어를 써 보세요.

가구의 | 상의어 | 하의어 | 입니다.

3 밑줄 친 말의 상의어를 고르세요.

1 피터는 **미국**에서 왔다.　　　　　　(마을)　(국가)　(바다)

2 보름이는 우리 **강아지**다.　　　　　　(인형)　(식물)　(동물)

3 **겨울**이 가고 봄이 왔다.　　　　　　(계절)　(날씨)　(날짜)

4 은우는 **소설**을 좋아한다.　　　　　　(만화)　(문학)　(잡지)

4 밑줄 친 말의 하의어를 고르세요.

1 **새**가 훨훨 날아갔다.　　　　　　(기린)　(제비)　(하마)

2 **생선**이 참 싱싱하다.　　　　　　(연어)　(가지)　(달걀)

3 **운동**을 열심히 하자.　　　　　　(배구)　(영어)　(과학)

4 **의류** 매장이 많다.　　　　　　(이불)　(베개)　(바지)

5 굵게 표시된 말이 밑줄 친 말의 상의어인지 하의어인지 쓰세요.

1   내가 나중에 커서 가지고 싶은 **직업**은 <u>경찰관</u>이다.   (   )

2   **숭례문**은 1962년에 우리나라 <u>국보</u>로 지정되었다.   (   )

3   나는 학교에서 배우는 **과목** 중 <u>국어</u>를 가장 좋아한다.   (   )

4   **메기**와 붕어는 민물에서 사는 대표적인 <u>물고기</u>이다.   (   )

6 밑줄 친 말의 상의어를 <보기>에서 찾아 쓰세요.

1   **국회 의원** 후보들이 거리에 나와 선거 유세를 했다.   (   )

2   나는 미국에 가서 **소설가** 헤밍웨이의 생가를 방문했다.   (   )

3   수많은 **기자**들이 영화제 개막식을 취재하려 모였다.   (   )

4   아인슈타인은 노벨상을 수상한 유명한 **물리학자**이다.   (   )

보기   언론인   /   예술가   /   과학자   /   정치인

7 다음 글을 찬찬히 읽어 보고, 앞서 배운 개념들을 떠올리며 물음에 답하세요.

한국, 중국, 일본은 서로의 이웃 나라로서 예부터 많은 영향을 주고받았습니다. 이 때문에 세 나라는 문화적으로 많은 공통점이 나타납니다. 첫 번째로, 세 나라는 모두 **한자** 문화권에 속한 나라들입니다. 중국의 한자는 일찍이 우리나라와 일본에 전파되었습니다. 같은 문자를 사용했기에 세 나라는 일찍부터 활발한 문화 교류를 할 수 있었습니다.

다음으로 세 나라 모두 쌀이 주식이라는 점이 있습니다. 동아시아는 온대 계절풍 기후 지역에 속해 있어 벼농사를 짓기 좋습니다. 이 영향으로 세 나라 모두 벼농사를 많이 지었고, 쌀을 주식으로 먹게 되었습니다. 이처럼 식생활이 비슷하기 때문에 모두 젓가락을 **식사 도구**로 사용한다는 공통점도 있습니다.

문화/ 관련 주제: 이웃 나라들의 특성 (초등 사회)

---

1 밑줄 친 '한자'의 상의어를 윗글에서 찾아 쓰세요. ( )

---

2 '식사 도구'의 하의어가 되도록 빈칸에 알맞은 말을 윗글에서 찾아 쓰세요.

식사 도구에는 ( ), 숟가락, 포크 등이 있습니다.

---

3 다음은 쌀의 상하 관계를 정리한 표입니다.
㉠에 알맞은 말을 떠올려 빈칸에 쓰고,
㉠을 사용해 짧은 문장을 만드세요.

곡식

쌀 ㉠

문장 쓰기:

※ 단어 간의 상하 관계가 드러나는 문장 쓰기
※ 대상의 종류나 예시 등을 열거하는 문장 쓰기

❶ 밑줄 친 말의 **상의어**를 찾아 ○표 하고, **상하 관계**가 드러나는 문장을 쓰세요.

❷ 밑줄 친 말의 **하의어**를 찾아 ○표 하고, **상하 관계**가 드러나는 문장을 쓰세요.

1
토마토는 (   )이다.

(버섯)

((채소))

→　토마토는 채소이다.

1
(   )은 **나물**이다.

(떡국)

(콩나물)

→

2
청바지는 (   )이다.

(의류)

(침구류)

→

2
(   )는 **유제품**이다.

(과자)

(우유)

→

3
한국어는 (   )이다.

(영어)

(언어)

→

3
(   )은 **도시**이다.

(서울)

(시골)

→

---

❸ 밑줄 친 말을 **포함하는** 뜻이 되도록
빈칸에 가장 알맞은 말을 쓰세요.

1 나는 **시, 소설, 희곡 등을** 자주 읽는다.

　　　　　　　　　→　나는 ┊ 문학을 ┊ 자주 읽는다.

2 안 입는 **티셔츠, 바지, 치마 등을** 기부하자.

　　　　　　　　　→　안 입는 ┊　　　┊ 기부하자.

3 이 가게는 **기타, 북, 바이올린 등을** 팔고 있다.

　　　　　　　　　→　이 가게는 ┊　　　┊ 팔고 있다.

❹ 밑줄 친 말에 **포함되는** 뜻이 되도록
빈칸에 알맞은 말을 쓰세요.

1 **스포츠**에는 ┊　　　┊ , ┊　　　┊ , ┊　　　┊ 등이 있다.

2 **음료**에는 ┊　　　┊ , ┊　　　┊ , ┊　　　┊ 등이 있다.

3 **국가**에는 ┊　　　┊ , ┊　　　┊ , ┊　　　┊ 등이 있다.

동형어 · 다의어

일상에서 나타나는 문법

까만 **눈**
좀 봐!

눈은
하얀데.

눈 많이
나쁘니?

> **개념** 만나기

동형어 같은 소리에 전혀 다른 뜻을 가진 말	'까만 눈'의 '눈'은 앞을 보는 신체 기관을, '눈은 하얀데'의 '눈'은 하늘에서 내리는 눈을 말합니다. 소리는 같지만 뜻이 전혀 다른 말입니다.	까만 **눈** **눈**은 하얀데
다의어 서로 관련된 뜻이 여러 가지인 말	'까만 눈'의 '눈'은 앞을 보는 신체 기관을, '눈 많이 나쁘니'의 '눈'은 시력을 가리킵니다. 모두 신체 기관 '눈'에 관련 있는 뜻입니다.	까만 **눈** **눈** 많이 나쁘니

동형어: 같은 소리에 전혀 다른 뜻을 가진 말

팔  ≠ 8

'튼튼한 **팔**'의 '팔'과 '**팔**월'의 '팔'은 소리는 같지만 뜻은 서로 관련성이 전혀 없는 말로, '동음이의어'라고도 합니다.

단어로 개념 알기

1 바른 설명이 되도록 ○표 하세요.

1 '**팔**(목)'과 '**팔**(월)'은 서로 뜻이 [전혀 다른] 관련 있는 말이므로

[동형어] 다의어 입니다.

2 '**말**(하다)'과 '**말**(을 타다)'은 서로 뜻이 전혀 다른 관련 있는 말이므로

동형어 다의어 입니다.

3 '**배**(를 따다)'와 '**배**(고프다)'는 서로 뜻이 전혀 다른 관련 있는 말이므로

동형어 다의어 입니다.

4 '**밤**(하늘)'과 '**밤**(나무)'은 서로 뜻이 전혀 다른 관련 있는 말이므로

동형어 다의어 입니다.

다의어 : 서로 관련된 뜻이 여러 가지인 말

손

‘**손을 펴다**’의 ‘손’은 팔목 끝부분의 신체 기관을 의미하고, ‘**반지를 낀 손**’의 ‘손’은 손가락을 의미합니다. 뜻이 완전히 같지는 않지만, 서로 의미상 관련 있는 말입니다.

2 바른 설명이 되도록 ◯표 하세요.

1 ‘**손**(가락)’과 ‘**손**(이 크다)’은 서로 뜻이 [전혀 다른 | (관련 있는)] 말이므로 [동형어 | (다의어)] 입니다.

2 ‘**발**(목)’과 ‘**발**(이 빠르다)’은 서로 뜻이 [전혀 다른 | 관련 있는] 말이므로 [동형어 | 다의어] 입니다.

3 ‘**입**(이 크다)’과 ‘**입**(이 거칠다)’은 서로 뜻이 [전혀 다른 | 관련 있는] 말이므로 [동형어 | 다의어] 입니다.

4 ‘**눈**(동자)’과 ‘**눈**(이 나쁘다)’은 서로 뜻이 [전혀 다른 | 관련 있는] 말이므로 [동형어 | 다의어] 입니다.

3 밑줄 친 두 말의 의미가 서로 관련이 있으면 ○표, 전혀 다른 뜻이면 X표 하세요.

1 **손**을 잡다. / **손**에 반지를 끼다. (   )

2 **배**를 타다. / **배**가 부르다. (   )

3 **차**를 마시다. / **차**가 고장 나다. (   )

4 값이 **오르다**. / 계단을 **오르다**. (   )

4 빈칸에 공통으로 들어갈 말을 <보기>에서 찾아 쓴 다음, 이 말들이 서로 동형어인지 다의어인지 쓰세요.

1 실력을
   벽돌로 탑을 (   ). → (   )

2 물기를 꾹
   음식 맛이 (   ). → (   )

3 수염을
   고양이를 (   ). → (   )

보기 기르다 / 쌓다 / 짜다

5 밑줄 친 말이 문장에서 어떤 의미로 쓰였는지 알맞은 것을 고르세요.

---

1 이모께서는 지난해 결혼을 하시고 화목한 **가정**을 꾸리셨다.

① 가족으로 연결된 생활 공동체.　② 분명하지 않은 것을 잠시 동안 인정함.

---

2 오늘 **아침**으로는 햄과 치즈를 잔뜩 넣은 샌드위치가 좋겠어.

① 날이 샐 무렵부터 오전의 중간까지.　② 아침에 끼니로 먹는 음식.

---

3 지아는 오늘부터 매일 일기를 **쓰는** 습관을 들이기로 했다.

① 머릿속의 생각을 글로 나타내다.　② 혀로 느끼는 맛이 한약 같다.

---

6 밑줄 친 말들이 서로 동형어인지 다의어인지 쓰세요.

---

1 이 모자는 너무 작아서 내 **머리** 크기에 맞지 않다.
태형이는 오늘 **머리**를 자르려고 동네 미용실에 갔다.

(　　　)

---

2 어제는 유독 **바람**이 세게 불어서 몹시 추웠다.
우리의 **바람**은 그가 다치지 않고 돌아오는 것뿐이다.

(　　　)

---

3 우리 반 회장 소민이는 무척 예의범절이 **바르다**.
풀을 잘 **바른** 뒤 종이를 붙여야 떨어지지 않는다.

(　　　)

---

7 다음 글을 찬찬히 읽어 보고, 앞서 배운 개념들을 떠올리며 물음에 답하세요.

옛날 사람들은 길을 잃었을 때 주로 북극성을 통해서 길을 찾았다고 한다. 밤하늘에 멀리 떨어진 별을 보고 사람들은 어떻게 길을 찾을 수 있었을까?

북극성은 작은곰자리에서 가장 작은 별로, 아주 작은 원을 그리며 돌고 있지만 우리 **눈**에는 움직이지 않는 것처럼 보인다. 북극성은 항상 북쪽 하늘에서 관찰된다. 따라서 북극성을 찾으면 어느 쪽이 북쪽인지 알아낼 수 있다. 북극성의 위치는 국자 모양 별자리인 북두칠성을 찾으면 쉽게 발견된다. 북두칠성에서 국자 모양 양 끝에 있는 두 개의 별을 이어 선을 그은 다음, 이 선을 다섯 배 정도 연장해 그리면 그 위에서 북극성을 찾을 수 있다. 옛날 사람들은 이런 방식으로 북극성을 나침반처럼 활용해 **길**을 찾고는 했다.

과학/ 관련 주제: 별자리 이용해 북극성 찾기 (초등 과학)

1 밑줄 친 '눈'의 동형어가 되도록 빈칸에 알맞은 말을 떠올려 쓰세요.

일기 예보를 보니 오늘은 눈이 (　　　　　　　), 북극성은 다음에 관찰하는 게 좋겠어.

2 밑줄 친 '길'이 어떤 뜻으로 쓰였는지 알맞은 뜻풀이를 찾아 ○표 하세요.

① 사람, 동물 등이 지나갈 수 있게 땅 위에 낸 일정한 공간.　　　　　　(　　)
② 시간의 흐름에 따라 개인의 삶이나 사회 발전 등이 전개되는 과정.　　(　　)

3 윗글과 같은 뜻으로 '길'을 사용해 짧은 문장을 만드세요.

문장 쓰기:

※ 소리가 같은 말의 뜻을 구별하여 쓰기

❶ 밑줄 친 말의 **동형어**를 찾아 ○표 하고, 밑줄 친 말과 **전혀 다른 뜻**으로 사용된 문장을 쓰세요.

1

그릇을 **깨다**.

(컵을 깨다)

(잠에서 깨다)

→   잠에서 깨다.

2

숫자를 **세다**.

(돈을 세다)

(바람이 세다)

→

3

길을 **걷다**.

(빠르게 걷다)

(빨래를 걷다)

→

❷ 밑줄 친 말의 **다의어**를 찾아 ○표 하고, 밑줄 친 말과 서로 **관련 있는 뜻**으로 사용된 문장을 쓰세요.

1

날씨가 **차다**.

(발로 차다)

(마음이 차다)

→

2

불씨가 **타다**.

(고기가 타다)

(상금을 타다)

→

3

물에 **빠지다**.

(사랑에 빠지다)

(기운이 빠지다)

→

❸ 밑줄 친 말들이 서로 **동형어**가 되도록
빈칸에 알맞은 말을 넣어 문장을 완성하세요.

1   현재가 농구팀 주장을 **맡았다**.   →   꽃의 ┆ 향기를 ┆ **맡았다**.

2   열매가 주렁주렁 **달리다**.   →   ┌─────────┐ **달리다**.

3   여행 일정을 **짜다**.   →   ┌─────────┐ **짜다**.

❹ 밑줄 친 말들이 서로 **다의어**가 되도록
빈칸에 알맞은 말을 넣어 문장을 완성하세요.

1   **머리**를 잘랐다.   →   나는 **머리**가 ┌─────────┐ .

2   **눈**을 의식하다.   →   누나는 **눈**이 ┌─────────┐ .

3   반지를 낀 **손**   →   진우는 **손**이 ┌─────────┐ .

배운 내용에 맞게 <보기>에서 알맞은 말을 찾아 빈칸을 채우세요!

보기   반대 / 되는 / 비슷 / 뜻

❶

☐ **유의어**	뜻이 ( )한 말	생선 / 물고기
☐ **반의어**	뜻이 ( )인 말 → 공통되는 부분이 있으면서, 동시에 반대되는 의미를 가진 단어.	추위 / 더위

❷

☐ **상의어**	다른 말을 포함하는 말	전자 제품 ↑(상의어)
☐ **하의어**	다른 말에 포함( ) 말	가전제품 ↓(하의어) 세탁기

❸

☐ **동형어**	소리는 같지만 ( )이 전혀 다른 말	튼튼한 **팔** 팔월
☐ **다의어**	하나의 말에 서로 관련된 뜻이 여러 가지인 말	**손**을 잡다 반지를 낀 **손**

뜻 - 되는 - 비슷 - 반대 :답정

나만의 **문장 쓰기**

밑줄 친 말과
주어진 의미 관계에 있는 단어를 찾아
○표 하고, ○한 말을 활용해
새로운 문장을 만드세요.

1   물이 **깨끗하다**.   (더럽다)   (청결하다)   → 유의어

주방은 청결해야 한다.

2   계단을 **올라가다**.   (오르다)   (내려가다)   → 반의어

3   배를 **타다**.   (설탕을 **타다**)   (자전거를 **타다**)   → 동형어

4   밥을 **먹다**.   (귀가 **먹다**)   (나이를 **먹다**)   → 다의어

정답과 해설 30쪽

2단원

단어의 짜임

① 단일어·복합어
② 합성어·파생어

단어가 어떻게 구성되어 있는지
단어의 형성 방법을 살피는 것을 말해요.

우리말 단어는 뜻을 가진 더 작은 부분으로
나눌 수 있는지 없는지에 따라 단일어와 복합어로 나뉘어요.
복합어는 또 어떤 말끼리 합쳐졌는지에 따라
합성어와 파생어로 나뉘어요.

사과나무 ＝ 사과 ＋ 나무

교과 연계

초등	국어 5-1 8. 〈아는 것과 새롭게 안 것〉

중·고등	고등 국어-언어와 매체 〈단어의 형성〉

1

단일어 · 복합어

일상에서 나타나는 문법

차림표

수
제
비
6000원

국
수
5000원

김
밥
2000원

떡
꼬
치
1000원

수제비 하나,
김밥 한 줄!

개념 만나기

단일어
여러 개로 나누면 본래 뜻이
사라져 더 나눌 수 없는 말

'수제비'는 '수'와 '제비'로 나누면 본래 뜻이 사
라져 뜻을 가진 더 작은 부분으로 더 나눌 수 없
습니다.

수제비
국수

복합어
뜻을 가진 더 작은 부분
으로 나눌 수 있는 말

'김밥'은 본래 '김'과 '밥'이 합쳐진 말이기 때문
에 뜻을 가진 더 작은 부분으로 나눌 수 있습니
다.

김밥
떡꼬치

'사탕'은 설탕 따위를 굳혀서 만든 것으로 '사/탕'으로 쪼개면 단어의 본래 의미가 사라집니다. 따라서 '사탕'은 단일어로, 뜻이 있는 더 작은 부분으로 나눌 수 없습니다.

단어로 개념 알기

1 바른 설명이 되도록 ○표 하세요.

1 '**국수**'는 뜻을 가진 둘 이상의 말로 나눌 수 있으므로 (없으므로) (단일어) 복합어 입니다.

2 '**김치**'는 뜻을 가진 둘 이상의 말로 나눌 수 있으므로 없으므로 단일어 복합어 입니다.

3 '**사과**'는 뜻을 가진 둘 이상의 말로 나눌 수 있으므로 없으므로 단일어 복합어 입니다.

4 '**고기**'는 뜻을 가진 둘 이상의 말로 나눌 수 있으므로 없으므로 단일어 복합어 입니다.

사과나무 = 사과 + 나무

'사과나무'는 사과가 열리는 나무라는 뜻이므로, '사과/나무'로 쪼개어도 본래 뜻이 사라지지 않습니다. 따라서 '사과나무'는 복합어로, 뜻이 있는 더 작은 부분으로 나눌 수 있습니다.

2 바른 설명이 되도록 ○표 하세요.

1 '**쌀국수**'는 뜻을 가진 둘 이상의 말로 나눌 수 | 있으므로 | 없으므로 |

| 단일어 | 복합어 | 입니다.

2 '**김치찌개**'는 뜻을 가진 둘 이상의 말로 나눌 수 | 있으므로 | 없으므로 |

| 단일어 | 복합어 | 입니다.

3 '**풋사과**'는 뜻을 가진 둘 이상의 말로 나눌 수 | 있으므로 | 없으므로 |

| 단일어 | 복합어 | 입니다.

4 '**날고기**'는 뜻을 가진 둘 이상의 말로 나눌 수 | 있으므로 | 없으므로 |

| 단일어 | 복합어 | 입니다.

3 <예시>와 같이 밑줄 친 복합어를 바르게 나누어 표시한 것을 고르세요.

예시 **떡꼬치** 하나 먹을까?   (떡 / 꼬치)   (떡꼬 / 치)

---

1 **닭고기**가 잘 익었다.   (닭고 / 기)   (닭 / 고기)

---

2 파란 **손수건**이 예쁘다.   (손수 / 건)   (손 / 수건)

---

3 **풋고추**를 한입 먹었다.   (풋고 / 추)   (풋 / 고추)

---

4 밑줄 친 말이 복합어이면 <예시>와 같이 바르게 나누어 표시해 쓰고, 단일어이면 '단'을 쓰세요.

예시 창밖에 **봄비**가 내린다.   (봄 / 비)

---

1 예쁜 **무지개**가 떴다.   (   )

---

2 그는 **밤낮**으로 일했다.   (   )

---

3 **논밭**이 아주 넓다.   (   )

---

5 밑줄 친 말들 중 복합어를 모두 찾아, <예시>와 같이 바르게 나누어 표시하세요.

(예시) 할머니 댁 **마당**에는 큰 **대추/나무**가 한 그루 있다.

1 까만 **밤하늘**에 시냇물 같은 **별빛**이 반짝이고 있었다.

2 며칠 비가 내리더니 **나무**에 어여쁜 **살구꽃**이 피었다.

3 배고픈 민수가 **콩국수**와 **만두** 한 접시를 혼자 다 먹어 치웠다.

6 밑줄 친 말이 단일어이면 ○표, 복합어이면 △표 하세요.

1 **붕어빵**은 **겨울**에 절대 빼놓을 수 없는 길거리 간식이다.

2 이 **마을** 숲속에는 동화에 나올 것처럼 예쁜 **통나무집**이 있다.

3 날씨가 추우니 따뜻한 **털모자**와 **장갑**을 잊지 말고 챙기거라.

4 석진이가 가장 좋아하는 음식은 **소고기**를 넣은 **미역국**이다.

7 다음 글을 찬찬히 읽어 보고, 앞서 배운 개념들을 떠올리며 물음에 답하세요.

여름에는 아이스크림이나 **팥빙수**를 찾는 사람이 많습니다. 물이나 **음료**에 얼음을 띄워 마시거나, 물이 든 병을 통째로 얼려 먹는 **사람**도 많지요. 여러분은 **얼음물**을 마시기 위해 물병을 냉동실에 보관해 본 적이 있나요?

만약 물이 든 병을 오랫동안 냉동실에 두었다면, 병이 부풀거나 깨져 있는 모습을 발견했을지도 모릅니다. 이러한 현상은 물이 얼면서 부피가 늘어나기 때문에 생깁니다. 물이 얼면 물을 이루고 있는 작은 알갱이들 가운데 빈 공간이 생기면서 부피가 늘어나고, 이 때문에 병이 팽팽하게 부풀거나 깨질 수 있습니다. 따라서 물병을 얼려 시원한 물을 마시고 싶을 때에는 뚜껑을 살짝 열어 두거나, 유리병 대신 잘 깨지지 않는 용기를 사용하는 것이 좋습니다.

과학/ 관련 주제: 물이 얼 때의 부피 변화 (초등 과학)

---

1 밑줄 친 말들 중 복합어를 찾아 쓰세요. (,   )

---

2 다음을 읽고 빈칸에 알맞은 말을 떠올려 쓰세요.

하영: '유리병'에서 '유리' 대신 (   )을 넣으면 '(   )+병'이란 복합어가 돼.

---

3 다음은 윗글에 나온 단어들입니다. 이 중 단일어를 찾아 ✓표 하고, 이 말을 사용해 짧은 문장을 만드세요.

□ 팥빙수
□ 얼음물
□ 유리병
□ 뚜껑

문장 쓰기:

※ 단어의 짜임을 알고 다양한 어휘 쓰기

❶ 빈칸에 알맞은 **단일어**를 찾아 ○표 하고, ○한 말을 넣어 완전한 문장을 쓰세요.

❷ 빈칸에 알맞은 **복합어**를 찾아 ○표 하고, ○한 말을 넣어 완전한 문장을 쓰세요.

1	( )을/를 먹었다.
	(보리)
	(보리밥)
→	보리를 먹었다.

1	( )을/를 먹었다.
	(보리)
	(보리밥)
→	

2	( )이 더러워졌다.
	(수건)
	(손수건)
→	

2	( )이 더러워졌다.
	(수건)
	(손수건)
→	

3	( )에 금이 갔다.
	(그릇)
	(국그릇)
→	

3	( )에 금이 갔다.
	(그릇)
	(국그릇)
→	

❸ 밑줄 친 자리에 들어갈 수 있는 **단일어**를 넣어
새로운 **복합어**를 만드세요.

---

1 (**가래**떡) 한 봉지 주세요. → 　시루　│　떡　 한 봉지 주세요.

---

2 내 동생은 (**욕심**쟁이)이다. → 내 동생은 　　　　│ -쟁이 　이다.

---

3 (**사냥**꾼)이 늑대를 만났다. → 　　　　　│ -꾼 　이 늑대를 만났다.

---

❹ 밑줄 친 **단일어**에 다른 단일어 하나를 합쳐
새로운 복합어를 쓰세요.

---

1 나는 **찌개** 중에 　　　　　　 가 제일 좋다.

---

2 이 　　　　　　 는 오래된 **나무**이다.

3 　　　　　　 로 **고기**볶음을 만들었다.

---

2 합성어 · 파생어

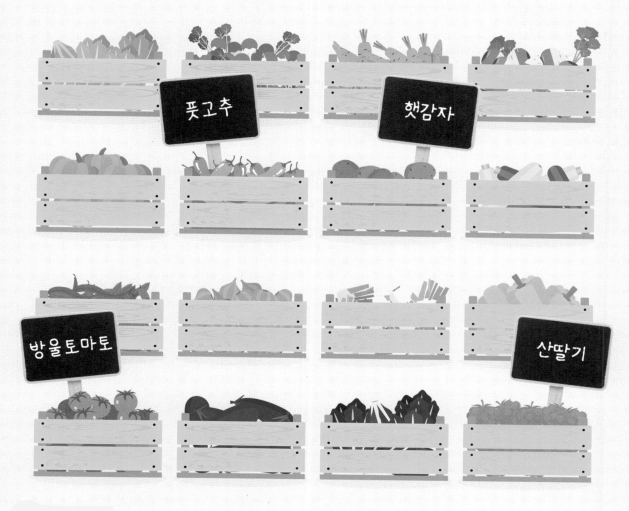

일상에서 나타나는 문법

풋고추

햇감자

방울토마토

산딸기

개념 만나기

복합어는 **합성어**와 **파생어**로 나눌 수 있습니다.

합성어 뜻이 있는 말끼리 합쳐진 말	'방울토마토'는 뜻이 있는 말 '방울'과 '토마토'가 합쳐진 말이며, '산딸기'는 뜻이 있는 말 '산'과 '딸기'가 합쳐진 말입니다.	방울토마토 산딸기
파생어 뜻이 있는 말에, 뜻을 더해 주는 말이 합쳐진 말	'풋고추'와 '햇감자'는 뜻이 있는 말 '고추'와 '감자'에, 항상 다른 말에 붙어 뜻을 더해 주는 말인 '풋-(덜 익은)'과 '햇-(그해에 난)'이 합쳐진 말입니다.	풋고추 햇감자

합성어: 뜻이 있는 말끼리 합쳐진 말

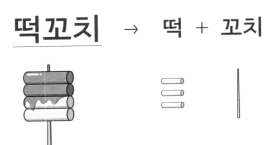

떡꼬치 → 떡 + 꼬치

'떡꼬치'의 '떡', '꼬치'는 모두 실질적인 뜻이 있는 말입니다. 복합어를 짜임에 따라 분류할 때, 이처럼 실질적인 뜻이 있는 말들끼리 합쳐진 말을 합성어라고 합니다.

예) **논밭**(논+밭) **밤낮**(밤+낮)
   돌다리(돌+다리) 등

단어로 개념 알기

1 바른 설명이 되도록 ○표 하세요.

1

'**돌다리**'는 뜻이 있는 말에

⟨뜻이 있는 말⟩ | 뜻을 더해 주는 말 이 합쳐진 말이므로

⟨합성어⟩ | 파생어 입니다.

2

'**산딸기**'는 뜻이 있는 말에

뜻이 있는 말 | 뜻을 더해 주는 말 이 합쳐진 말이므로

합성어 | 파생어 입니다.

3

'**붕어빵**'은 뜻이 있는 말에

뜻이 있는 말 | 뜻을 더해 주는 말 이 합쳐진 말이므로

합성어 | 파생어 입니다.

파생어: 뜻이 있는 말에, 뜻을 더해 주는 말이 합쳐진 말

풋사과 → **풋 + 사과**

'풋사과'의 '풋-'은 항상 다른 말에 붙어서 쓰이는 말로 혼자 쓰일 수 없으며, 뜻이 있는 말 '사과'에 붙어 '사과'에 특정한 의미를 더해 줍니다. 이처럼 파생어는 실질적인 뜻이 있는 말에, 항상 그 말의 앞이나 뒤에 붙어서 특정한 뜻을 더해 주는 말이 합쳐진 말입니다.

예) **맨발**(맨-+발) **날고기**(날-+고기) **겁쟁이**(겁+-쟁이) 등
*맨-: 다른 것이 없는   *날-: 익히지 않은   *-쟁이: 그 특징을 많이 가진 사람

---

2 바른 설명이 되도록 ○표 하세요.

1

'**멋쟁이**'는 뜻이 있는 말에

뜻이 있는 말 (뜻을 더해 주는 말) 이 합쳐진 말이므로

합성어 (파생어) 입니다.

2

'**햇곡식**'은 뜻이 있는 말에

뜻이 있는 말 뜻을 더해 주는 말 이 합쳐진 말이므로

합성어 파생어 입니다.

3

'**맨주먹**'은 뜻이 있는 말에

뜻이 있는 말 뜻을 더해 주는 말 이 합쳐진 말이므로

합성어 파생어 입니다.

---

3 밑줄 친 합성어를 <예시>와 같이 바르게 나누어 표시해 쓰세요.

예시 **방울토마토**가 싱싱하다.   (방울/토마토)

---

1   **밥그릇**을 싹싹 비우다.   (   )

---

2   **김밥**이 먹고 싶다.   (   )

---

3   **된장찌개**가 끓고 있다.   (   )

---

4 밑줄 친 파생어를 <예시>와 같이 바르게 나누어 표시해 쓰고, 뜻을 더해 주는 말을 찾아 ○표 하세요.

예시 우리만 **헛고생**을 했구나.   (ⓗ헛/고생)

---

1   흙 위를 **맨발**로 걸었다.   (   )

---

2   **햇밤**이 제사상에 올랐다.   (   )

---

3   태우는 심한 **겁쟁이**다.   (   )

5 다음은 밑줄 친 복합어를 두 말로 쪼갠 것입니다. <예시>와 같이 뜻이 있는 말에는 ○표, 뜻을 더해 주는 말에는 △표 하세요.

(예시) 흙 위를 **맨발**로 걸으니 기분이 무척 상쾌하다.

---

1 **고기만두** 하나랑 냉면 한 그릇 주세요.

(고기 + 만두)

---

2 가난한 **나무꾼**이 선녀를 만나 결혼했다.

(나무 + -꾼)

---

3 **책가방**에 든 것이 많아 너무 무겁다.

(책 + 가방)

---

6 밑줄 친 말이 합성어인지 파생어인지 쓰세요.

---

1 **돌다리**도 두드려 보고 건너라는데, 조심하는 게 좋겠어.

( )

---

2 예나는 할 줄 아는 것이 무척 많은 우리 동네 **재주꾼**이다.

( )

---

3 재영이는 윤호를 만나지 못하고 번번이 **헛걸음**만 했다.

( )

---

4 주원이는 오늘 점심으로 간장 **달걀밥**을 만들어 먹었다.

( )

---

7 다음 글을 찬찬히 읽어 보고, 앞서 배운 개념들을 떠올리며 물음에 답하세요.

우리나라에는 **한겨울**이 되기 전 **김장**을 하는 집이 많다. 김장 김치는 주로 **배추김치**를 기본으로 담고 깍두기 등 여러 가지를 함께 만들기도 하는데, 이렇게 김치를 한꺼번에 많이 만들어 두면 긴 **겨울** 동안 맛있는 김장 김치를 먹을 수 있다. 하지만 김치는 오래 두면 신맛이 난다. 김치에서 신맛이 오랫동안 나지 않게 보관하려면 어떻게 해야 할까?

김치에는 시간이 지나면서 '젖산'이라는 물질이 생겨난다. 젖산은 산성을 띤 물질로 김치에서 신맛이 나게 만든다. 따라서 김치에서 신맛이 오랫동안 나지 않게 보관하려면 이 젖산을 약화시켜야 한다. 김치를 보관할 때 밤나무 잎이나 달걀 껍질 등 염기성을 띤 물질을 함께 넣으면 젖산을 약화시키는 데 도움이 된다. 이렇게 하면 김치를 신맛 없이 더 오래 보관할 수 있다.

과학 / 관련 주제: 산성과 염기성 (초등 과학)

1   밑줄 친 말들 중 파생어를 찾아 쓰세요.   (   )

2   윗글의 '배추김치'를 참고하여, 다음 빈칸에 알맞은 합성어를 떠올려 쓰세요.

김치에는 배추김치, 갓김치, (   ) 등 다양한 종류가 있다.

3   윗글의 '배추김치'와 같은 짜임의 단어를 떠올려 쓰고, 그 말을   (   )
사용해 짧은 문장을 만드세요.

문장 쓰기:

문법에 맞게 **쓰기**

※ 단어의 짜임을 통해 세부적인 의미가 드러나는 어휘 쓰기

❶ 빈칸에 알맞은 **합성어**를 찾아 ○표 하고, ○한 말을 넣어 완전한 문장을 쓰세요.

❷ 빈칸에 알맞은 **파생어**를 찾아 ○표 하고, ○한 말을 넣어 완전한 문장을 쓰세요.

1 　　　(　　)이 차갑다.

(맨바닥)

(방바닥)

→ 　　　방바닥이 차갑다.

1 　　　(　　)이 차갑다.

(맨바닥)

(방바닥)

→

2 　　　(　　)이 먹고 싶다.

(풋콩)

(콩밥)

→

2 　　　(　　)이 먹고 싶다.

(풋콩)

(콩밥)

→

3 　　　(　　)을 샀다.

(햇과일)

(과일즙)

→

3 　　　(　　)을 샀다.

(햇과일)

(과일즙)

→

❸ 밑줄 친 자리에 들어갈 수 있는 **단일어**를 넣어
새로운 **합성어나 파생어**를 만드세요.

---

1 (날**것**)을 함부로 먹지 마라.

→ 날- | 달걀 을 함부로 먹지 마라.

---

2 (맨**손**)이라 너무 춥다.

→ 맨- | 이라 너무 춥다.

---

3 삼촌네 (**콩**밭)이 넓다.

→ 삼촌네 | 밭 이 넓다.

---

❹ 밑줄 친 말에 다른 단어 하나를 합쳐
새로운 **합성어나 파생어**를 쓰세요.

---

1 나는 잠**꾸러기**이고, 형은 이다.

파생어

---

2 아침에 미역**국**을, 저녁에 을 먹는다.

합성어

---

3 내가 물**통**을 닦고, 네가 을 닦아.

합성어

문법 개념 정리

배운 내용에 맞게 <보기>에서 알맞은 말을 찾아 빈칸을 채우세요!

(보기)　　단일어 ／ 파생어 ／ 합성어

❶

□ ( )	여러 개로 나누면 본래 뜻이 사라져 더 나눌 수 없는 말	사탕 ／ 무지개
□ **복합어**	뜻을 가진 더 작은 부분으로 나눌 수 있는 말	사과나무 ／ 밤낮

❷

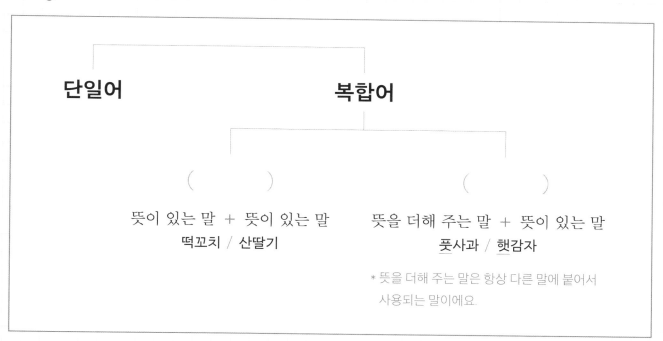

단일어　　　　　　　　복합어

( )
뜻이 있는 말 ＋ 뜻이 있는 말
떡꼬치 ／ 산딸기

( )
뜻을 더해 주는 말 ＋ 뜻이 있는 말
풋사과 ／ 햇감자

＊ 뜻을 더해 주는 말은 항상 다른 말에 붙어서
사용되는 말이에요.

단일어 - 합성어 - 파생어　정답

나만의 **문장 쓰기**

밑줄 친 말들 중 주어진 짜임에
해당하는 것을 찾아 ○표 하고,
○한 말을 활용해 새로운
문장을 만드세요.

1

하늘에 **별빛**이 반짝인다.

오늘따라 별빛이 밝다.

→ 복합어

2

시장에서 **감자**와 **감자떡**을 샀다.

→ 단일어

3

콩밥에 든 콩이 **풋콩**이다.

→ 합성어

4

목소리는 큰데 죄다 **헛소리**군.

→ 파생어

정답과 해설 30쪽

문장 성분

❶ 주성분① **주어·서술어**
❷ 주성분② **목적어·보어**
❸ 부속 성분·독립 성분 **관형어·부사어·독립어**

문장을 이루는 각각의 성분을 말해요.

문장은 일정한 역할을 하는 성분들로 이루어져 있어요.
문장을 이루는 그 각각의 구성 요소를 '문장 성분'이라고 해요.
각자 역할에 따라 주성분, 부속 성분, 독립 성분으로 나뉘어요.

개가 / 물을 / 마시다.

주어   목적어   서술어

1 주성분 ① 주어·서술어

개념 만나기

주성분: 문장을 이루는 데 꼭 필요한 필수적인 성분

주어

동작이나 상태,
성질의 주체가 되는 말
(누가/무엇이)

토스트가 맛있네

내가 만들었다

'토스트가'는 상태나 성질을 나타내는 말 '맛있네'의 주체이며, '내가'는 동작을 나타내는 말 '만들었다'의 주체입니다.

서술어

주어의 동작이나 상태,
성질을 풀이하는 말
(무엇이다/어찌하다/어떠하다)

토스트가 **맛있네**

내가 **만들었다**

'맛있네'는 주어 '토스트가'의 상태나 성질을 나타내며, '만들었다'는 주어 '내가'의 동작을 나타냅니다.

토끼가 뛰다.

주어는 주로 주체가 되는 대상에 '이/가'를 붙여 표현합니다. 주어는 주성분이므로 생략할 수 없습니다. 하지만 **앞뒤 내용을 통해 주어가 무엇인지 알 수 있는 경우에는** 생략하기도 합니다.

예) 종이가 찢어졌니? / 응, (종이가) 찢어졌어.

문장으로 개념 알기

1 바른 설명이 되도록 ○표 하세요.

1
'**시간이** 금이다.'의 '**시간이**'는 문장에서

| (누가/무엇이) | 무엇이다/어찌하다/어떠하다 | 에 해당하는

| (주어) | 서술어 | 입니다.

2
'**딸기가** 많다.'의 '**딸기가**'는 문장에서

| 누가/무엇이 | 무엇이다/어찌하다/어떠하다 | 에 해당하는

| 주어 | 서술어 | 입니다.

3
'**개가** 짖다.'의 '**개가**'는 문장에서

| 누가/무엇이 | 무엇이다/어찌하다/어떠하다 | 에 해당하는

| 주어 | 서술어 | 입니다.

토끼가 **뛰다**.

서술어는 주성분이므로 생략할 수 없지만, 말하는 이와 듣는 이가 서술어를 모두 알고 있는 경우에는 생략하는 경우도 있습니다.

예) 이거 누가 그랬니? / 내가 (그랬어).

2 바른 설명이 되도록 ○표 하세요.

1

'시간이 **금이다**.'의 '**금이다**'는 문장에서

| 누가/무엇이 | (무엇이다/어찌하다/어떠하다) | 에 해당하는 |

| 주어 | (서술어) | 입니다. |

2

'딸기가 **많다**.'의 '**많다**'는 문장에서

| 누가/무엇이 | 무엇이다/어찌하다/어떠하다 | 에 해당하는 |

| 주어 | 서술어 | 입니다. |

3

'개가 **짖다**.'의 '**짖다**'는 문장에서

| 누가/무엇이 | 무엇이다/어찌하다/어떠하다 | 에 해당하는 |

| 주어 | 서술어 | 입니다. |

---

3 괄호 속 도움말을 참고하여, 빈칸에 알맞은 말을 <보기>에서 찾아 쓰세요.

---

1 (누가) 내 짝이다.   (   )

---

2 (무엇이) 피었다.   (   )

---

3 깍두기가 (어떠하다).   (   )

보기   민희가 / 매콤하다 / 벚꽃이

4 밑줄 친 말이 무엇에 해당하는지 고르세요.

---

1 이분이 **소방관이시다**.   (주어)   (서술어)

---

2 왜 이렇게 **손이** 차갑니?   (주어)   (서술어)

---

3 농부가 곡식을 **수확하다**.   (주어)   (서술어)

---

4 **주호가** 참 부지런하구나.   (주어)   (서술어)

---

5 밑줄 친 말이 문장의 주어인지 서술어인지 쓰세요.

1 빨간색 **자동차가** 갑자기 커다랗게 경적을 울렸다. ( )

2 이 사진 속에서 노란 옷을 입은 아이가 내 **동생이다**. ( )

3 어제 **현우가** 부모님의 결혼기념일을 맞아 편지를 썼다. ( )

4 저 치타는 다른 동물들보다 달리기가 훨씬 **빠르구나**! ( )

6 각 문장에서 밑줄 친 주어의 서술어를 찾아 ○표 하세요.

1 어젯밤부터 **고양이가** 우리 집 담벼락 밑에서 큰 소리로 울었다.

2 오늘 **보건 선생님께서** 보건 수업을 위해 우리 반 교실에 오셨다.

3 지난해 가을 선주의 **언니가** 할머니 댁 마당에서 커다란 감을 땄다.

4 **승윤이가** 동생의 생일 잔치를 위해 제과점에서 케이크를 샀다.

7

다음 글을 찬찬히 읽어 보고, 앞서 배운 개념들을 떠올리며 물음에 답하세요.

귀뚜라미 귀뚜르
가느단 소리,
달님도 추워서
파랗습니다.

울 밑에 과꽃이
네 밤만 자면
㉠눈 오는 겨울이 찾아온다고…….

귀뚜라미 귀뚜르
가느단 소리,
㉡뜰 앞에 오동잎이
떨어집니다.

방정환 <귀뚜라미>

문학/ 관련 주제: 문학의 아름다움을 알고 문학 활동 하기 (초등 국어)

---

1 밑줄 친 ㉠에서 서술어를 찾아 쓰세요.   (   )

---

2 밑줄 친 ㉡에 대해 바르게 설명한 친구의 이름을 쓰세요.   (   )

수현: '뜰 앞에'는 이 문장에서 주어에 해당하는 말이야.

연우: '오동잎이'는 이 문장에서 주어의 행동을 서술한 부분이야.

가은: '떨어집니다'는 문장을 이루기 위해 꼭 필요한 주성분이야.

---

3 밑줄 친 ㉡을 주어와 서술어로만 이루어진 문장으로 줄여 쓰세요.

문장 쓰기: _____ _____ .
　　　　　　　　　주어　　　　　　　　　서술어

문법에 맞게 쓰기

※ 주어와 서술어를 자연스럽게 연결해 문법에 맞는 문장 쓰기

❶ 빈칸에 알맞은 **주어**를 찾아 ○표 하고,
○한 말을 넣어 주어와 서술어로 이루어진
문장을 쓰세요.

❷ 빈칸에 알맞은 **서술어**를 찾아 ○표 하고,
○한 말을 넣어 주어와 서술어로 이루어진
문장을 쓰세요.

1 　　　(　) 대표이다.

(내가)

(나를)

→　　　내가 대표이다.

1 　너구리가 (　).

(귀여운)

(귀엽다)

→

2 　　　(　) 차갑다.

(얼음이)

(얼음을)

→

2 　자동차가 (　).

(달리는)

(달린다)

→

3 　　　(　) 달린다.

(자전거가)

(자전거의)

→

3 　불꽃이 (　).

(뜨거운)

(뜨겁다)

→

❸ **주어**와 **서술어**로만 이루어진 문장으로 바꾸어 쓰세요.

1 귀여운 **너구리가** 연못에 비친 자신을 **쳐다보았다**.

→ 너구리가 / 쳐다보았다.

2 빨간 자동차가 뻥 뚫린 고속도로를 빠르게 달렸다.

→ [   ] / [   ] .

3 어제 냉동고에 꽁꽁 얼려 둔 얼음이 무척 차갑다.

→ [   ] / [   ] .

❹ 빈칸에 알맞은 말을 떠올려 문장을 완성하세요.

1 [   ] / 아주 / 작다.
　　주어(누가/무엇이)

2 언니가 / 신나게 / [   ] .
　　　　　　　　　서술어(어찌하다)

3 커다란 / [   ] / [   ] .
　　　　주어(누가/무엇이)　　　　서술어(무엇이다/어찌하다/어떠하다)

주성분 ②

목적어 · 보어

우리 집 **고양이를** 찾습니다.

이름: 별이

나이: 지난달 막 **2살이** 되었음.

특징: 파란색 **목걸이를** 걸고 있음.

길에서 이렇게 생긴 고양이를 보시면
010-000-0000으로 꼭 연락 주세요.

✦ **길 고양이가** 아니라 집에서 기르는 고양이입니다.

개념 만나기

주성분: 문장을 이루는 데 꼭 필요한 필수적인 성분

목적어

동작의 대상이
되는 말
(누구를/무엇을)

고양이를 찾습니다

목걸이를 걸고 있음

'고양이를 찾습니다'의 '고양이를'과 '목걸이를
걸고 있음'의 '목걸이를'은 각각 동작 '찾다'와
'걸다'의 대상이 되는 말입니다.

보어

'되다, 아니다' 앞에서
뜻을 보충해 주는 말
(무엇이)

2살이 되었음

길 고양이가 아니라

'2살이 되었음'의 '2살이'와 '길 고양이가 아니
라'의 '길 고양이가'는 각각 '되다, 아니다' 앞에
서 문장의 뜻을 보충해 주는 말입니다.

개가 <u>물을</u> 마시다.

목적어는 문장에서 꼭 필요한 주성분으로, 생략할 수 없습니다. '개가 물을 마시다'에서 '물을'을 생략하면, 개가 무엇을 마신 것인지 알 수 없기 때문에 문장이 완전하지 않습니다. 하지만 목적어를 필요로 하지 않는 문장도 있습니다.
예) 공이(주어) 둥글다(서술어).

문장으로 개념 알기

1 바른 설명이 되도록 ○표 하세요.

1 '내가 **공을** 차다.'의 '**공을**'은 문장에서 (누구를/무엇을) 무엇이 에

해당하는 (목적어) 보어 입니다.

2 '형이 **피자를** 먹다.'의 '**피자를**'은 문장에서 누구를/무엇을 무엇이 에

해당하는 목적어 보어 입니다.

3 '엄마가 **아기를** 낳다.'의 '**아기를**'은 문장에서 누구를/무엇을 무엇이 에

해당하는 목적어 보어 입니다.

씨앗이 <u>**나무가**</u> 되다.

샘은 <u>**미국인이**</u> 아니다.

보어는 문장에서 꼭 필요한 성분인 주성분으로, 생략할 수 없습니다. '씨앗이 나무가 되다'에서 '나무가'를 생략하면 씨앗이 무엇이 되었다는 것인지 알 수 없기 때문에 문장이 완전하지 않습니다. 보어는 '무엇이'의 형태이므로 주어와 헷갈리지 않도록 주의합니다.

2 바른 설명이 되도록 ○표 하세요.

1 '그가 **회장이** 되다.'의 '**회장이**'는 문장에서 누구를/무엇을 (무엇이) 에

해당하는 목적어 (보어) 입니다.

2 '오늘은 **봄이** 아니다.'의 '**봄이**'는 문장에서 누구를/무엇을 무엇이 에

해당하는 목적어 보어 입니다.

3 '내가 **1등이** 되다.'의 '**1등이**'는 문장에서 누구를/무엇을 무엇이 에

해당하는 목적어 보어 입니다.

3 괄호 속 도움말을 참고하여, 빈칸에 가장 알맞은 말을 <보기>에서 찾아 쓰세요.

---

1   소희가 (무엇을) 던졌다.   (   )

---

2   병아리가 (무엇이) 되었다.   (   )

---

3   나는 (누구를) 좋아한다.   (   )

(보기)   닭이 / 공을 / 너를

4 밑줄 친 말이 무엇에 해당하는지 고르세요.

---

1   은수가 **파인애플을** 샀다.   (목적어)   (보어)

---

2   누나가 **화가가** 되었다.   (목적어)   (보어)

---

3   준호가 **축구공을** 가져왔다.   (목적어)   (보어)

---

4   토마토는 **과일이** 아니다.   (목적어)   (보어)

---

5 밑줄 친 말이 문장의 목적어인지 보어인지 쓰세요.

1   세정이는 이번 여름 **방학을** 매우 알차게 보냈다.   (   )

2   새로 생긴 이 가게는 **반찬을** 다양하게 팔고 있다.   (   )

3   이 골목길은 도서관으로 가는 **지름길이** 아니다.   (   )

4   태민이가 투표를 통해 우리 축구팀 **주장이** 되었다.   (   )

6 밑줄 친 말이 문장의 목적어이면 ○표, 보어이면 △표 하세요.

1   승한이는 연수와 친한 친구이지만, 민성이와는 **친구가** 아니다.

2   이 영화는 지난해 수많은 관객들의 **호평을** 받으며 흥행에 성공했다.

3   작년만 해도 아기 같기만 했던 동생이 어느덧 **초등학생이** 되었다.

4   겨울 동안 흙 속에 잠들어 있던 씨앗이 봄이 되자 마침내 **싹을** 틔웠다.

7 다음 글을 찬찬히 읽어 보고, 앞서 배운 개념들을 떠올리며 물음에 답하세요.

> 우리 사촌 형은 축구 선수이다. 그래서 오늘은 가족과 함께 사촌 형이 나오는 축구 경기를 보러 갔다. 어제 하늘이 흐려서 비가 오면 어쩌나 걱정했는데 오늘은 다행히도 날씨가 좋았다. 경기가 시작되자 ㉠우리는 모두 열심히 형을 응원했다.
>
> 우리의 열렬한 응원을 받아서인지 형은 경기에서 엄청난 활약을 했다. 형이 결승 골을 득점한 것이다. 형이 골을 넣었을 때 우리 가족은 자리에서 일어나 크게 환호했다. 경기는 사촌 형 팀의 1:0 승리로 끝이 났다. 경기가 끝난 뒤에는 ㉡형이 오늘의 MVP가 되었다. 나는 형이 무척 자랑스러웠다.

일상/ 관련 주제: 체험한 일 글로 쓰기 (초등 국어)

---

1   밑줄 친 ㉠에서 목적어를 찾아 쓰세요.　　　　　　　(　　　　　　　　　)

---

2   밑줄 친 ㉡에 대해 바르게 설명하지 <u>못한</u> 친구의 이름을 쓰세요.　(　　　　　　)

찬희: 이 문장의 보어는 'MVP가'이겠어.

수진: 주성분만 남기면 '형이 MVP가 되었다'로 줄여 쓸 수 있어.

지원: '되었다'는 이 문장에서 생략할 수 있는 부분이야.

---

3   윗글의 내용과 일치하도록 목적어와 서술어만 사용해 다음 문장을 완성하세요.

문장 쓰기: 오늘 경기에서 사촌 형이 ＿＿＿＿＿＿＿＿＿ ＿＿＿＿＿＿＿＿＿ .
　　　　　　　　　　　　　　　　　목적어　　　　　　　　서술어

※ 주어와 목적어(혹은 보어), 서술어를 자연스럽게 연결해 문법에 맞는 문장 쓰기

❶ 빈칸에 알맞은 **목적어**를 찾아 ○표 하고, ○한 말을 넣어 주어, 목적어, 서술어로 이루어진 문장을 쓰세요.

❷ 빈칸에 알맞은 **보어**를 찾아 ○표 하고, ○한 말을 넣어 주어, 보어, 서술어로 이루어진 문장을 쓰세요.

---

1 아기가 (　　) 마시다.

(우유의)

((우유를))

→　　아기가 우유를 마시다.

---

1 망아지가 (　　) 되다.

(말이)

(말을)

→

---

2 달이 (　　) 비추다.

(호수가)

(호수를)

→

---

2 나는 (　　) 아니다.

(토끼가)

(토끼를)

→

---

3 어부가 (　　) 잡다.

(고기가)

(고기를)

→

---

3 지금은 (　　) 아니다.

(겨울이)

(겨울은)

→

❸ 주어와 **목적어(혹은 보어)**, 서술어로만 이루어진 문장으로 바꾸어 쓰세요.

1 사랑스러운 **아기가** 따뜻한 **우유를** 맛있게 **마셨다**.

→ 아기가 / 우유를 / 마셨다.

2 산 위로 떠오른 달이 맑은 호수를 환하게 비추었다.

→ 달이 / _____ / _____ .

3 작고 귀여웠던 우리 병아리가 어느덧 닭이 되었다.

→ 병아리가 / _____ / _____ .

❹ 빈칸에 알맞은 말을 떠올려 문장을 완성하세요.

1 하얀 / 강아지가 / _____ / 마셨다.
　　　　　　　　　　　　목적어(무엇을)

2 누나가 / _____ / 되었다.
　　　　　　　보어(무엇이)

3 토끼가 / _____ / _____ .
　　　　　　목적어(누구를/무엇을)　　　서술어(어찌하다)

③ 관형어 · 부사어 · 독립어

개념 만나기

부속 성분: 주성분을 꾸며 주는 성분

관형어

사람, 사물 등 특정한
대상을 꾸며 주는 말
(어떤/누구의/무엇의)

감동적인 이야기
└─ (특정한 대상) ↑

부사어

서술어나 관형어,
다른 부사어를 꾸며 주는 말
(어떻게/얼마나/어디에서)

따뜻하게 보내세요
└─ (서술어) ↑

독립 성분: 다른 문장 성분과 직접적인 관련 없이 따로 떨어져 있는 성분

독립어

문장 안에서 독립적으로 쓰이는 말 (감탄/부름/대답)

이야
(감탄)

관형어 : 특정한 대상을 꾸며 주는 말 (**어떤/누구의/무엇의**)

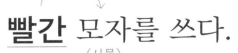

빨간 모자를 쓰다.
(사물)

관형어는 사람이나 사물, 장소 등 특정한 대상을 꾸며 주는 말입니다. 주로 꾸미는 대상의 앞에 위치합니다. 다른 문장 성분을 꾸며 주는 부속 성분에 속합니다.

문장으로 개념 알기

1 바른 설명이 되도록 ○표 하세요.

1

'이것은 **예쁜** 꽃이다.'의 '**예쁜**'은

문장에서 〔어떤/무엇의〕 어떻게/얼마나/어디에서 에 해당하는

〔관형어〕 부사어 입니다.

2

'**소의** 눈이 크다.'의 '**소의**'는

문장에서 어떤/무엇의 어떻게/얼마나/어디에서 에 해당하는

관형어 부사어 입니다.

독립어 : 문장 안에서 독립적으로 쓰이는 말 (**감탄/부름/대답**)

친구야, 잘 지내?
(부름)

응, 잘 지내.
(대답)

독립어는 문장 안에서 다른 성분들과 직접적인 관계를 맺지 않고 독립적으로 쓰이며, 독립 성분에 속합니다.

별이 **많이** 뜨다.
(서술어)

부사어는 서술어나 관형어, 다른 부사어 등을 꾸며 주며 대체로 꾸미는 말의 앞에 위치합니다. 다른 문장 성분을 꾸며 주는 부속 성분에 속합니다.

2 바른 설명이 되도록 ○표 하세요.

1

'눈이 **펑펑** 오다.'의 '**펑펑**'은

문장에서 | 어떤/무엇의 | 어떻게/얼마나/어디에서 | 에 해당하는

| 관형어 | 부사어 | 입니다.

2

'그가 **빨리** 뛰다.'의 '**빨리**'는

문장에서 | 어떤/무엇의 | 어떻게/얼마나/어디에서 | 에 해당하는

| 관형어 | 부사어 | 입니다.

3 바른 설명이 되도록 ○표 하세요.

'**네**, 맞아요.'의 '**네**'는

문장에서 다른 성분과 직접적인 관계 없이 독립적으로 쓰이는

| 관형어 | 부사어 | 독립어 | 입니다.

4   <예시>와 같이 각 문장에서 밑줄 친 말이 꾸며 주는 말을 찾아 ○표 하고, 밑줄 친 말이 무엇에 해당하는지 고르세요.

(예시)   **노란** 개나리가 피었다.   (관형어)   (부사어)

---

1   불이 **활활** 타오르다.   (관형어)   (부사어)

---

2   이 옷은 **민재의** 옷이다.   (관형어)   (부사어)

---

3   무지개가 **높이** 떴다.   (관형어)   (부사어)

---

5   밑줄 친 말이 무엇에 해당하는지 고르세요.

---

1   **귀여운** 신발이구나.   (관형어)   (부사어)   (독립어)

---

2   거북이는 **천천히** 달린다.   (관형어)   (부사어)   (독립어)

---

3   민지가 **집에서** 쉬고 있다.   (관형어)   (부사어)   (독립어)

---

4   **어머나**, 벌써 12시네.   (관형어)   (부사어)   (독립어)

---

6 밑줄 친 말이 문장의 관형어인지 부사어인지 쓰세요.

1 이 영화는 **감동적인** 실화를 바탕으로 하여 만들어졌다. ( )

2 우리나라의 여름은 너무 습해서 빨래가 **잘** 마르지 않는다. ( )

3 올해는 여러 가지 이유로 매우 **바쁜** 해가 될 것 같다. ( )

4 수지는 식당에서 점심을 먹은 뒤 지윤이와 **오래** 이야기했다. ( )

7 다음 중 독립어가 쓰인 문장을 모두 찾아 ○표 하세요.

1 얘, 혹시 아까 시끄럽게 떠든 사람이 누구인지 보았니? ( )

2 그 소설은 독자들의 사랑을 받으며 베스트셀러가 되었다. ( )

3 민호가 또 축구 시합에서 큰 실수를 했다니 정말 안타깝다. ( )

4 이런, 맛있는 빵을 구워 놓았는데 다들 집에 없군. ( )

8 다음 글을 찬찬히 읽어 보고, 앞서 배운 개념들을 떠올리며 물음에 답하세요

여러분은 12월 10일이 무슨 날인지 알고 있나요? ⊙**12월 10일은** '세계 ⓛ**인권의** 날'입니다. 세계 인권의 날은 1948년 UN 총회에서 선포된 '세계 인권 선언'을 기념하기 위해 지정되었습니다.

두 번의 세계 대전을 겪으면서, 세계에는 ⓒ**전쟁을** 반성하고 인간의 기본권을 보장해야 한다는 생각이 ⓔ**널리** 퍼졌습니다. 이에 맞춰 UN은 제2차 세계 대전이 끝난 후, 모든 인간의 자유와 평등, 정의를 도모하는 '세계 인권 선언'을 발표했습니다. 이 선언에서 선포한 인간의 기본권은 인종이나 국적, 성별 등에 관계없이 (가)모두가 평등하게 보장받는 권리입니다. 12월 10일은 이 선언을 기념하고 인권 보호에 대해 생각해 볼 수 있는 뜻깊은 날입니다.

사회/ 관련 주제: 인권의 중요성과 인권 신장 활동 (초등 사회)

---

1 밑줄 친 ⊙~ⓔ 중 관형어와 부사어를 하나씩 찾아 기호를 쓰세요.

(관형어:)

(부사어:)

---

2 다음 밑줄 친 부분 중 다른 성분을 꾸며 주는 것을 찾아 ○표 하세요.

세계 인권의 날은 1948년 UN 총회에서 선포된 '세계 인권 선언'을 기념하기 위해 지정되었습니다.

(   )   (   )   (   )   (   )

---

3 밑줄 친 (가)에서 부사어를 찾아 쓰고, 이 말을 사용해 다음 문장을 완성하세요.

(부사어:)

문장 쓰기: 모든 사람을 _____ _____ .
　　　　　　　　　　　부사어　　　　　　　서술어

※ 꾸며 주는 말(관형어 · 부사어)을 넣어 자세한 문장 쓰기
※ 알맞은 독립어를 넣어 생생한 문장 쓰기

❶ 빈칸에 알맞은 **관형어**를 찾아 ○표 하고, ○한 말을 넣어 완전한 문장을 쓰세요.

1   톰은 (   ) 고양이이다.

(영리한)

(영리하게)

→   톰은 영리한 고양이이다.

2   (   ) 목소리가 들린다.

(떠드는)

(떠들게)

→

3   (   ) 동생이 울었다.

(현지는)

(현지의)

→

❷ 빈칸에 알맞은 **부사어**를 찾아 ○표 하고, ○한 말을 넣어 완전한 문장을 쓰세요.

1   아이가 (   ) 걷는다.

(빠른)

(빠르게)

→

2   국을 (   ) 데우다.

(따뜻한)

(따뜻하게)

→

3   톰이 (   ) 행동했다.

(영리한)

(영리하게)

→

❸ 밑줄 친 말을 꾸며 줄 수 있도록,
빈칸에 어울리는 **관형어**나 **부사어**를 넣어 문장을 바꾸어 쓰세요.

---

1   아버지가 **국**을 **데우셨다**.

→ 아버지가 / 맛있는 / 국을 / 따뜻하게 / 데우셨다.

---

2   **떠드는** 목소리가 들렸다.

→ ⬚ / 떠드는 / 목소리가 / 들렸다.

---

3   **고양이**가 **울었다**.

→ ⬚ / 고양이가 / ⬚ / 울었다.

---

❹ 빈칸에 알맞은 말을 떠올려 문장을 완성하세요.

---

1   ⬚ , / 제가 / 그랬습니다.
　　독립어(응답)

---

2   동생이 / ⬚ / ⬚ .
　　　　　부사어(얼마나/어떻게/어디에서)　　　서술어(어찌하다)

---

3   ⬚ / 꽃이 / ⬚ .
　　관형어(어떤/누구의/무엇의)　　　　　서술어(어찌하다)

배운 내용에 맞게 <보기>에서 알맞은 말을 찾아 빈칸을 채우세요!

(보기) 보어 / 주어 / 꾸며 / 독립어 / 관형어

❶ **주성분** 문장을 이루기 위해 꼭 필요한 필수적인 성분

☐ ( )	동작이나 상태, 성질의 주체가 되는 말 (누가/무엇이)	**토끼가** 뛰다
☐ **서술어**	동작이나 상태, 성질을 풀이하는 말 (무엇이다/어찌하다/어떠하다)	토끼가 **뛰다**

☐ **목적어**	문장에서 동작의 대상이 되는 말 (누구를/무엇을)	개가 **물을** 마시다
☐ ( )	서술어 '되다', '아니다' 앞에서 이 말을 보충해 주는 말 (무엇이)	씨앗이 **나무가** 되다

❷ **부속 성분** 주성분을 꾸며 주는 성분

☐ ( )	사람, 사물, 장소 등 특정한 대상을 꾸며 주는 말 (어떤/누구의/무엇의)	**빨간** 모자
☐ **부사어**	서술어나 다른 부사어를 ( ) 주는 말 (어떻게/얼마나/어디에서)	별이 **많이** 뜨다

❸ **독립 성분** 다른 문장 성분과 직접적인 관련 없이 따로 떨어져 있는 성분

☐ ( )	다른 문장 성분과 관계를 맺지 않고 독립적으로 쓰이는 말 (감탄/부름/대답)	어머 / 야 / 그래

정답 주어 - 보어 - 관형어 - 꾸며 - 독립어

나만의 **문장 쓰기**

주어진 문장 성분에 해당하는 것을 찾아
○표 하고, ○한 말을 활용해
새로운 문장을 만드세요.

1 밝은 / (달이) / 떴다. → 주어

달이 지구 주위를 돌고 있다.

2 하얀 / 나비가 / 나풀나풀 / 날아간다. → 서술어

3 할머니께서 / 맛있는 / 팥죽을 / 끓이셨다. → 목적어

4 작은 / 참새들이 / 시끄럽게 / 짹짹거린다. → 부사어

정답과 해설 31쪽

4단원

품사

❶ 명사·대명사·수사
❷ 동사·형용사
❸ 관형사·부사
❹ 조사·감탄사

단어를 의미나 기능, 형태 등의 기준에 따라 묶어 놓은 갈래를 말해요.

우리말에는 낱말의 공통적인 특징이 무엇인지에 따라
아홉 개의 품사가 있어요.
문장 성분은 한 문장 안에서 하는 역할에 따라 나눈 구성 요소이고,
품사는 공통적인 성격을 가진 단어들끼리 묶어 놓은 것을 말해요.
헷갈릴 수 있으니 주의해야 해요.

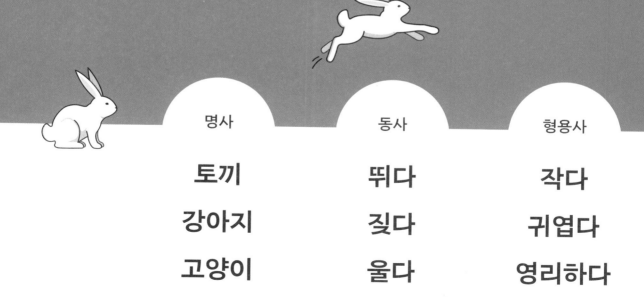

명사	동사	형용사
토끼	뛰다	작다
강아지	짖다	귀엽다
고양이	울다	영리하다

교과 연계

| 초등 | 국어 4-2 5. <의견이 드러나게 글을 써요>
5-1 4. 〈글쓰기의 과정〉
'어찌하다(동사)', '어떠하다(형용사)' 등의
형태로 학습 |

| 중·고등 | 중등 국어 1-1, 1-2
〈품사의 종류와 특성〉
고등 국어-언어와 매체 〈품사〉 |

명사·대명사·수사

여기가
어디야?

새로 생긴
꽃집이야.

화분 **하나**
사 갈까?

개념 만나기

명사, 대명사, 수사를 묶어 **'체언'**이라고 해요.
문장에서 주로 주어, 목적어 등의 기능을 하는 말이에요.

명사

사람, 사물 등 대상의
이름을 나타내는 품사

꽃집이야.

'꽃집'은 장소의 이름을 나타내는 명사입니다.

대명사

사람, 사물 등 대상의
이름을 대신 나타내는 품사

여기가 어디야?

'여기'는 장소의 이름을 직접 가리키지 않고
대신 나타내는 대명사입니다.

수사

대상의 수나 양, 순서를
나타내는 품사

'화분 하나'의 '하나'는 대상의 수나 양을 나타내는
수사입니다.

화분 **하나**

명사: 사람, 사물 등 대상의 이름을 나타내는 품사

소방관 **달걀** **학교**

명사는 사람이나 사물, 장소 등의 이름을 나타내는 품사로 문장 안에서 형태가 변하지 않습니다.

단어로 개념 알기

1 바른 설명이 되도록 ○표 하세요.

1 '**학교**'는 대상의 | (이름을 나타내는) | 이름을 대신 나타내는 | 말이므로

(명사) | 대명사 | 입니다.

2 '**선생님**'은 대상의 | 이름을 나타내는 | 이름을 대신 나타내는 | 말이므로

명사 | 대명사 | 입니다.

수사: 대상의 수나 양, 순서를 나타내는 품사

일·이·삼 / 하나·둘·셋 / 첫째·둘째·셋째

1 2 3

수사는 대상의 수나 양, 순서를 나타내는 품사로, 문장 안에서 형태가 변하지 않습니다.

대명사: 사람, 사물 등 대상의 이름을 대신 나타내는 품사

우리   이것   저곳

대명사는 어떤 명사를 대신하는지에 따라 가리키는 것이 달라집니다. 따라서 문맥을 잘 살펴보면 대명사가 가리키는 것이 무엇인지 알 수 있습니다. 대명사는 문장 안에서 형태가 변하지 않습니다.

3

'**그곳**'은 대상의 | 이름을 나타내는 | 이름을 대신 나타내는 | 말이므로

| 명사 | 대명사 | 입니다.

4

'**저분**'은 대상의 | 이름을 나타내는 | 이름을 대신 나타내는 | 말이므로

| 명사 | 대명사 | 입니다.

---

2 바른 설명이 되도록 ○표 하세요.

'**둘째**'는 대상의 수나 양, 순서를 나타내는 말이므로

| 명사 | 대명사 | 수사 | 입니다.

---

3 밑줄 친 말이 무엇에 해당하는지 고르세요.

---

1   **저곳**은 매우 넓다.   (명사)   (대명사)

---

2   **운동장**은 매우 넓다.   (명사)   (대명사)

---

3   **이것**은 아주 맛있다.   (명사)   (대명사)

---

4   **옥수수**는 아주 맛있다.   (명사)   (대명사)

---

4 빈칸에 알맞은 말을 <보기>에서 찾아 쓴 다음, 이 말이 명사인지, 대명사인지, 수사인지 쓰세요.

---

1   연필 (   )만 빌려 줘.   → (   )

---

2   (   )은/는 어떤 장소지?   → (   )

---

3   내 (   )은/는 유치원생이다.   → (   )

(보기)   저곳   /   하나   /   동생

5 밑줄 친 말의 품사가 명사인지, 대명사인지, 수사인지 쓰세요.

1 **그분**은 절대로 우리에게 거짓말을 할 사람이 아니다. (   )

2 나는 달리기 시합에서 **넷째**로 결승선을 통과했다. (   )

3 흥부네 부부는 자식이 무려 **스물아홉**이나 되었다. (   )

4 지호는 오늘따라 **복숭아**가 무척 먹고 싶어서 시장에 갔다. (   )

6 밑줄 친 말이 명사이면 ○표, 대명사이면 △표 하세요.

1 **저쪽**으로 10분쯤 쭉 걷다 보면 맞은편에 **영화관**이 보일 거야.

2 **우리**는 초등학교 때부터 지금까지 같은 **태권도** 학원에 다녔다.

3 저기 서 있는 **저분**이 내게 발레를 가르쳐 주신 **선생님**이시다.

4 하경이는 **여기**에서 두 블록 떨어진 **백화점** 옆 아파트에 살고 있다.

7 다음 글을 찬찬히 읽어 보고, 앞서 배운 개념들을 떠올리며 물음에 답하세요.

에펠 탑은 프랑스를 대표하는 건축물입니다. 프랑스의 수도 파리에 위치해 있으며, ㉠매년 파리는 이곳을 찾는 수많은 관광객들로 북적입니다.

에펠 탑은 프랑스 혁명 백 주년을 기념해 1889년 건축가 구스타브 에펠의 설계로 건축되었습니다. 오늘날 큰 사랑을 받고 있는 것과 달리, 당시 에펠 탑은 '도시의 미관을 해치는 고철 덩어리'라며 많은 비난을 받았습니다. 특히 소설가 모파상은 에펠 탑에 큰 반감을 가지고 있었습니다.

모파상은 종종 에펠 탑 안에 있는 레스토랑에서 식사를 하곤 했는데, 누군가가 그 까닭을 묻자 "**그곳**이 파리에서 에펠 탑이 보이지 않는 유일한 장소이기 때문"이라고 대답했을 정도라고 합니다.

문화/ 관련 주제: 대상에 알맞게 설명하는 글 쓰기 (초등 국어)

---

1   밑줄 친 ㉠에서 장소를 나타내는 말을 두 개 찾아, 각각 명사와 대명사로 분류해 쓰세요.

(명사:)

(대명사:)

---

2   밑줄 친 '그곳'의 품사를 쓰고, '그곳'이 가리키는 것을 윗글에서 찾아 쓰세요.

(품사:)

(가리키는 것:)

---

3   모파상이 에펠 탑 안의 레스토랑에서 식사를 한 이유를, 대명사를 사용해 윗글에서 찾아 쓰세요.

문장 쓰기:

※ 문장에서 주로 주어나 목적어 역할을 하는 단어 활용해 쓰기

❶ 빈칸에 알맞은 **명사**를 찾아 ○표 하고, ○한 말을 넣어 완전한 문장을 쓰세요.

❷ 빈칸에 알맞은 **대명사**를 찾아 ○표 하고, ○한 말을 넣어 완전한 문장을 쓰세요.

1 이곳은 ( )이다. (여기) ((서울)) → 이곳은 서울이다.	1 ( )는 부산이다. (여기) (도시) →
2 저것은 ( )이다. (그것) (사탕) →	2 ( )은 내 것이다. (이것) (책상) →
3 저분이 ( )이시다. (그분) (삼촌) →	3 ( )께 인사해라. (이분) (할머니) →

❸ 밑줄 친 **대명사**가 대신할 수 있는 **명사**로
문장을 바꾸어 쓰세요.

---

1 **그분**께서 오늘의 **이것**을 만드셨다.

→ [선생님] 께서 오늘의 [케이크] 를 만드셨다.

---

2 **우리**는 모두 함께 도서관에 갔다.

→ [　　　　　] 들은 모두 함께 도서관에 갔다.

---

3 이모네 **이곳**은 **그것**으로 유명하다.

→ 이모네 [　　　　　] 은/는 [　　　　　] (으)로 유명하다.

---

❹ 빈칸에 알맞은 말을 떠올려 문장을 완성하세요.

---

1 [　　　　　] 이/가 많다.
　　　명사

---

2 [　　　　　] 이/가 [　　　　　] 이다.
　　　대명사　　　　　　　　명사

---

3 [　　　　　] 이/가 [　　　　　] 있다.
　　　명사　　　　　　　　수사

동사 · 형용사

일상에서 나타나는 문법

식물입니까?

아닙니다. 동물입니다.

무얼 먹습니까?

풀을 **먹습니다**.

어떻게 웁니까?

매 하고 **웁니다**.

털은 어떻습니까?

하얗고, 아주 **따뜻합니다**.

개념 만나기

동사와 형용사를 묶어 **'용언'**이라고 해요.
문장에서 주로 주어를 서술하는 역할을 하는 말이에요.

동사 사람이나 사물 등의 행동을 나타내는 품사	'먹다'와 '울다'는 행동을 나타내는 동사입니다.	풀을 **먹습니다** 매 하고 **웁니다**
형용사 사람이나 사물 등의 상태나 성질을 나타내는 품사	'하얗다'와 '따뜻하다'는 상태나 성질을 나타내는 형용사입니다.	**하얗고**, 아주 **따뜻합니다**

동사: 사람이나 사물 등의 행동을 나타내는 품사

앉다
서다

동사는 문장에서 주로 주어가 어떤 행동이나 작용을 하는지 서술하는 역할을 합니다. '앉고, 앉아라, 앉자, 앉으면' 등 다양하게 형태가 변할 수 있습니다.

단어로 개념 알기

1 바른 설명이 되도록 ○표 하세요.

1
'**걷다**'는 대상의 (행동) 상태나 성질 을 나타내므로

(동사) 형용사 입니다.

2
'**입다**'는 대상의 행동 상태나 성질 을 나타내므로

동사 형용사 입니다.

3
'**가다**'는 대상의 행동 상태나 성질 을 나타내므로

동사 형용사 입니다.

4
'**말하다**'는 대상의 행동 상태나 성질 을 나타내므로

동사 형용사 입니다.

깊다   얕다

4단원·품사

형용사는 문장에서 주로 주어의 상태나 성질을 서술하는 역할을 합니다. 문장 안에서 형태가 변할 수 있지만, 형태가 달라지는 범위는 동사보다 제한적입니다. 형용사는 '깊고, 깊어서' 등으로는 쓰일 수 있지만, '깊자, 깊어라'의 형태로는 쓰일 수 없습니다.

2   바른 설명이 되도록 ◯표 하세요.

1

'**맵다**'는 대상의 ┃ 행동 ┃ ⟨상태나 성질⟩ ┃ 을 나타내므로

┃ 동사 ┃ ⟨형용사⟩ ┃ 입니다.

2

'**크다**'는 대상의 ┃ 행동 ┃ 상태나 성질 ┃ 을 나타내므로

┃ 동사 ┃ 형용사 ┃ 입니다.

3

'**파랗다**'는 대상의 ┃ 행동 ┃ 상태나 성질 ┃ 을 나타내므로

┃ 동사 ┃ 형용사 ┃ 입니다.

4

'**즐겁다**'는 대상의 ┃ 행동 ┃ 상태나 성질 ┃ 을 나타내므로

┃ 동사 ┃ 형용사 ┃ 입니다.

---

3 밑줄 친 말들이 무엇에 해당하는지 고르세요.

---

1 과자를 **굽다**. / 과자를 **먹다**.　　　　　　(동사)　(형용사)

---

2 색이 **화려하다**. / 색이 **선명하다**.　　　　(동사)　(형용사)

---

3 길을 **찾다**. / 길을 **헤매다**.　　　　　　(동사)　(형용사)

---

4 너는 **섬세하다**. / 너는 **의젓하다**.　　　　(동사)　(형용사)

---

4 밑줄 친 말을 <예시>와 같이 기본형 '-다'의 형태로 바꾸어 쓴 뒤, 이 말이 동사이면 '동'을, 형용사이면 '형'을 쓰세요.

(예시) 농사를 **짓고** 나니 배가 고팠다.　　　(　짓다　)　(　동　)

---

1 이목구비가 **뚜렷한데**.　　　　　　(　　　　)　(　　　)

---

2 불빛이 아주 **은은하네**.　　　　　　(　　　　)　(　　　)

---

3 선수들이 힘을 **겨루었다**.　　　　　(　　　　)　(　　　)

---

5 밑줄 친 말의 품사가 동사인지 형용사인지 쓰세요.

1 태연이가 풀이 죽은 강아지의 털을 **어루만져** 주었다.   (   )

2 영화가 너무 **따분해서** 나는 하품을 참을 수 없었다.   (   )

3 어떻게 하면 쓰레기를 줄일 수 있을지 **의논해** 보자.   (   )

4 이 세탁기는 다른 제품에 비해 품질이 무척 **우수하다**.   (   )

6 밑줄 친 말이 동사이면 ○표, 형용사이면 △표 하세요.

1 그 도자기는 표면이 **반들반들하고** 무늬가 **세련되어** 비싼 값에 **팔렸다**.

2 재영이는 오늘 '**달면** 삼키고 쓰면 **뱉는다**'는 속담에 대해 **배웠다**.

3 찬우가 어머니를 위해 미역국을 **끓였다**. 미역국은 **담백하고** **맛있었다**.

4 우리 반 회장 민아는 아주 **부지런하고** **성실하며**, 친구들을 잘 **도와준다**.

7 다음 글을 찬찬히 읽어 보고, 앞서 배운 개념들을 떠올리며 물음에 답하세요.

우리나라는 민주주의 국가입니다. 민주주의의 중요한 원리 중 하나는 '국민 주권'인데, 주권은 국가의 뜻을 결정하는 힘입니다. 우리나라 헌법에도 '대한민국의 주권은 국민에게 있고, ㉠모든 권력은 국민으로부터 나온다.'고 명시되어 있습니다.

국민이 주권을 행사하는 방법은 국민이 직접 의사 결정에 참여하는 '직접 민주 정치'와, 선거를 통해 대표자를 뽑는 '간접 민주 정치'가 있습니다. 현실적으로 모든 국민이 직접 정치 활동에 나서기는 어렵기 때문에, 우리나라를 포함한 현대 국가들은 주로 간접 민주 정치의 형태를 띠는 경우가 ㉡**많습니다**.

사회/ 관련 주제: 민주 정치의 기본 원리 (초등 사회)

---

1 밑줄 친 ㉠에서 동사를 찾아 쓰세요. ( )

---

2 밑줄 친 ㉡의 품사가 무엇인지 쓰고, ㉡을 바르게 사용하지 **못한** 친구를 찾아 ○표 하세요.

(품사:)

도연: 아직 시간이 <u>많으니</u> 더 놀 수 있겠어. ( )

서준: 너무 심심해. 오늘은 게임이 <u>많자</u>. ( )

---

3 다음 단어들 중 형용사를 찾아 ✓표 하고, 이 말을 활용해 윗글의 내용과 관련된 문장을 만드세요.

□ 중요하다
□ 결정하다
□ 참여하다
□ 나서다

문장 쓰기:

※ 주어의 행동, 상태 등을 풀이하는 문장 쓰기
※ 동사나 형용사가 달라지는 형태 알고 바르게 쓰기

❶ 빈칸에 알맞은 **동사**를 찾아 ○표 하고, ○한 말을 넣어 완전한 문장을 쓰세요.

❷ 빈칸에 알맞은 **형용사**를 찾아 ○표 하고, ○한 말을 넣어 완전한 문장을 쓰세요.

1　　　　잠자리가 (　　).

（날다）

（예쁘다）

→ 　　　잠자리가 날다.

1　　　　나비가 (　　).

（날다）

（예쁘다）

→

2　　　　소녀가 (　　).

（웃다）

（기쁘다）

→

2　　　　소년은 (　　).

（웃다）

（기쁘다）

→

3　　　예지가 의자에 (　　).

（앉다）

（얇다）

→

3　　　승우의 겉옷이 (　　).

（앉다）

（얇다）

→

❸ 밑줄 친 말의 자리에 쓸 수 있는 **동사**나 **형용사**를 넣어 문장을 바꾸어 쓰세요.
(동사는 동사, 형용사는 형용사로 바꾸세요.)

1 **네모난** 상자가 무척 **크다**.

→ | 파란 | / 상자가 무척 / | 가볍다. |

2 **하얀** 토끼가 **뛰어가다**.

→ | | / 토끼가 / | | .

3 그 소녀는 **쾌활하고** 잘 **웃는다**.

→ 그 소녀는 / | | / 잘 / | | .

❹ 빈칸에 알맞은 말을 떠올려 문장을 완성하세요.

1 예지의 의자가 | | .
　　　　　　　　　형용사

2 세윤이는 자주 | | . 또 | | .
　　　　　　　　　동사　　　　　　　　형용사

3 | | / | | .
　주어(누가/무엇이)　　　동사

관형사 · 부사

개념 만나기

관형사와 부사를 묶어 **'수식언'**이라고 해요.
문장에서 주로 다른 말을 꾸며 주는 역할을 하는 말이에요.

관형사

체언(명사/대명사/수사)
앞에서 뒷말을 꾸며 주는 품사

'저'는 명사 '선수'를, '두'는 단위를 나타
내는 명사 '명'을 꾸며 주는 관형사입니다.

저 선수
두 명

부사

동사, 형용사, 다른 부사,
문장 전체를 꾸며 주는 품사

'정말'은 형용사 '빠르다'를, '금방'은 동사
'제치다'를 꾸며 주는 부사입니다.

정말 빠르다
금방 제쳤어

관형사: 체언(명사/대명사/수사) 앞에서 뒷말을 꾸며 주는 품사

두 마리
(명사)

그 가방
(명사)

관형사는 기본형 '-다'와 같이 나타낼 수 없으며 관형사 단독으로 존재합니다. 예를 들어 '적은'은 뒷말을 꾸며 주더라도 기본형 '적다'로 쓸 수 있는 말이므로 관형사가 아니라 형용사입니다. 숫자를 의미하는 말의 경우, '두 마리'의 '두'와 같이 뒷말을 꾸며 줄 때 관형사로 분류하므로 수사 '둘'과 헷갈리지 않도록 합니다.

문장으로 개념 알기

1 바른 설명이 되도록 ○표 하세요.

1

'**옛** 노래가 들리다.'의 '**옛**'은

ⓞ명사/대명사/수사 | 동사/형용사/다른 부사/전체 문장 을/를 꾸며 주므로

ⓞ관형사 | 부사 입니다.

2

'**이** 사람이 나다.'의 '**이**'는

명사/대명사/수사 | 동사/형용사/다른 부사/전체 문장 을/를 꾸며 주므로

관형사 | 부사 입니다.

3

'**모든** 나라에 가자.'의 '**모든**'은

명사/대명사/수사 | 동사/형용사/다른 부사/전체 문장 을/를 꾸며 주므로

관형사 | 부사 입니다.

부사: 동사, 형용사, 다른 부사, 문장 전체를 꾸며 주는 품사

못 가다
(동사)

아주 크다
(형용사)

매우 열심히
(부사)

과연 할 수 있을까?
(문장 전체)

부사는 꾸며 주는 말의 앞에 위치하는 경우가 많습니다. 알맞은 부사를 사용하면 꾸며 주는 말의 의미를 더 자세하고 분명하게 표현할 수 있습니다.

---

2 바른 설명이 되도록 ○표 하세요.

1

'언니는 **못** 온다.'의 '**못**'은

| 명사/대명사/수사 | 동사/⟨형용사/다른 부사/전체⟩ 문장 | 을/를 꾸며 주므로 |

| 관형사 | ⟨부사⟩ | 입니다.

2

'**어서** 빨리 가자.'의 '**어서**'는

| 명사/대명사/수사 | 동사/형용사/다른 부사/전체 문장 | 을/를 꾸며 주므로 |

| 관형사 | 부사 | 입니다.

3

'나는 **몹시** 기쁘다.'의 '**몹시**'는

| 명사/대명사/수사 | 동사/형용사/다른 부사/전체 문장 | 을/를 꾸며 주므로 |

| 관형사 | 부사 | 입니다.

---

3 <예시>와 같이 각 문장에서 밑줄 친 말이 꾸며 주는 말을 찾아 ○표 하고, 밑줄 친 말의 품사가 무엇인지 고르세요.

예시	모두 **몇** 마리입니까?	(관형사)	(부사)

1	형제가 **세** 명이다.	(관형사)	(부사)

2	초록색이 **제일** 좋다.	(관형사)	(부사)

3	수프가 **너무** 뜨겁다.	(관형사)	(부사)

4 밑줄 친 말이 무엇에 해당하는지 고르세요.

1	**아무** 말도 하지 마.	(관형사)	(부사)

2	**여러** 사람이 모였다.	(관형사)	(부사)

3	**결코** 우연이 아니다.	(관형사)	(부사)

4	손이 **덜덜** 떨렸다.	(관형사)	(부사)

5 밑줄 친 말의 품사가 관형사인지 부사인지 쓰세요.

1 콩쥐가 두꺼비의 도움으로 독에 물을 **가득** 채웠다. (   )

2 진영이가 **그런** 행동을 했을 거라고는 생각하지 못했다. (   )

3 찌개가 금방 식을 수 있으니 따뜻할 때 **어서** 먹자. (   )

4 **무슨** 일이 있었는지 미나는 무척 화가 난 것처럼 보였다. (   )

6 밑줄 친 말이 관형사이면 ○표, 부사이면 △표 하세요.

1 그날은 갑자기 눈이 **잔뜩** 내리는 바람에 **새** 옷이 다 젖고 말았다.

2 현우는 **아무런** 말도 하지 못하고 눈물만 **펑펑** 흘리고 있었다.

3 **과연** 저 선수가 **이** 대회에서 우승을 차지할 수 있을지 몹시 궁금하군.

4 안녕하세요, 여기 당근 **한** 개와 오이 두 개 주세요. 가지는 **못** 먹어요.

7 다음 글을 찬찬히 읽어 보고, 앞서 배운 개념들을 떠올리며 물음에 답하세요.

설탕이 물에 녹으면 무게가 달라질까요? 설탕은 녹으면 눈에 보이지 않기 때문에 사라진 것처럼 보입니다. 실제로 설탕이 물에 녹기 전과 후의 무게에 ㉠**무슨** 차이가 있는지 알아보려면 간단한 실험이 필요합니다.

먼저 물을 담은 그릇과 설탕을 준비합니다. 그리고 그릇에 담긴 물과, 설탕 ㉡**한** 숟가락의 무게를 잽니다. 다음으로 물에 설탕을 넣고 ㉢**모두** 녹입니다. 설탕이 ㉣**다** 녹으면, 설탕물이 담긴 그릇의 무게를 잽니다. 이후 결과를 비교해 보면 물과 설탕의 무게를 각각 쟀을 때의 합과, 설탕물의 무게가 같다는 것을 알 수 있습니다. 따라서 설탕은 물에 녹아 없어지는 것이 아니라, 눈에 보이지 않을 만큼 매우 작은 입자로 나누어지는 것입니다.

과학/ 관련 주제: 물질이 물에 녹는 현상 (초등 과학)

---

1 밑줄 친 ㉠~㉣을 관형사와 부사로 분류해 각각
기호를 쓰세요.

(관형사:)
(부사:)

---

2 매우가 꾸며 주는 말을 찾아 쓰세요.

(   )

---

3 다음은 윗글을 읽고 난 뒤 수현이의 반응입니다. 부사를 하나 이상 포함하여 수현이의
말에 대한 대답을 쓰세요.

수현: 설탕이 눈에 보이지 않을 만큼 작아진다니 신기하지 않니?

문장 쓰기:

※ 꾸며 주는 말(관형사 · 부사)을 넣어 자세하고 풍부한 문장 쓰기

❶ 빈칸에 알맞은 **관형사**를 찾아 ○표 하고,
○한 말을 넣어 완전한 문장을 쓰세요.

1 (   ) 색깔을 좋아해?

(어떤)

(어떻게)

→　　　어떤 색깔을 좋아해?

2 (   ) 일이 있었다니.

(그런)

(그렇게)

→

3 (   ) 동물이 모였다.

(여러)

(제일)

→

❷ 빈칸에 알맞은 **부사**를 찾아 ○표 하고,
○한 말을 넣어 완전한 문장을 쓰세요.

1 물이 (   ) 차 있다.

(가득)

(가득한)

→

2 가방이 (   ) 무겁다.

(너무)

(너무한)

→

3 피자가 (   ) 맛있다.

(여러)

(제일)

→

❸ 밑줄 친 말을 꾸며 줄 수 있도록,
빈칸에 어울리는 **관형사**나 **부사**를 넣어 문장을 완성하세요.

---

1 <u>가방</u>이 <u>무겁</u>다.

→ 　　새　　 / 가방이 / 　너무　 / 무겁다.

---

2 귀여운 동물들이 **모였**다.

→ 귀여운 / 동물들이 / 　　　　　 / 모였다.

---

3 <u>피자</u>는 <u>맛있</u>다.

→ 　　　　　 / 피자는 / 　　　　　 / 맛있다.

---

❹ 빈칸에 알맞은 말을 떠올려 문장을 완성하세요.

---

1 내 / 침대는 / 　　　　　 / 넓다.

　　　　　　　　　부사

---

2 강아지 / 　　　　　 / 마리가 / 　　　　　 / 귀엽다.

　　　　관형사　　　　　　　　　　부사

3 　　　　　 / 친구가 / 　　　　　 .

　　관형사　　　　　　　동사 혹은 형용사

조사 · 감탄사

일상에서 나타나는 문법

> **야**, 네**가** 내 아이스크림 먹었지?

> 미안. 초콜릿 맛**만** 조금 먹었어.

> 초콜릿 맛**만**? 초콜릿 맛**도**?

> **에이**, 너무하네. 내 말 못 믿어?

개념 만나기

조사는 **'관계언'**이라고 해요. 다른 말과의 문법적인 관계를
나타내는 말로 혼자 쓰일 수 없어요.

조사 다른 말과의 문법적 관계를 나타내거나, 특별한 의미를 더해 주는 품사	'가'는 앞말과의 문법적 관계를 나타내며, '만'은 '오직', '도'는 '마찬가지로'의 특별한 의미를 더해 주는 조사입니다.	네**가** 초콜릿 맛**만/도**

감탄사는 **'독립언'**이라고 해요.
문장에서 독립적으로 쓰이며 문장 안에서 위치가 비교적 자유로워요.

감탄사 느낌이나 놀람, 부름, 대답을 나타내는 품사	'야'는 부름을 나타내며, '에이'는 느낌을 나타내는 감탄사입니다.	**야** **에이**, 너무하네

조사: 다른 말과의 문법적 관계를 나타내거나 특별한 의미를 더해 주는 품사

지아**만** 선생님**께** 편지**를** 드렸다.

조사는 주로 명사, 대명사, 수사 뒤에 붙어서, 문장 안에서 앞말과 다른 말과의 문법적 관계를 나타내는 품사입니다. '만(혼자)', '도(마찬가지로)'와 같이 앞말에 특별한 뜻을 더해 주기도 합니다. '이다'를 제외하고는 문장 안에서 형태가 변하지 않습니다.

문장으로 개념 알기

1 바른 설명이 되도록 ◯표 하세요.

1

'해**가** 뜨다.'의 '**가**'는 문장에서

◯문법적 관계◯/특별한 뜻 | 놀람/부름/대답 | 을 나타내는 말이므로

◯조사◯ | 감탄사 | 입니다.

2

'나**도** 춥다.'의 '**도**'는 문장에서

문법적 관계/특별한 뜻 | 놀람/부름/대답 | 을 나타내는 말이므로

조사 | 감탄사 | 입니다.

3

'이모**께서** 오시다.'의 '**께서**'는 문장에서

문법적 관계/특별한 뜻 | 놀람/부름/대답 | 을 나타내는 말이므로

조사 | 감탄사 | 입니다.

어머!

감탄사를 적절하게 사용하면 말의 의미를 보다 생생하게 표현할 수 있습니다. 감탄사는 문장 안에서 형태가 변하지 않습니다.

2 바른 설명이 되도록 ○표 하세요.

1

'**네**, 좋아요.'의 '**네**'는 문장에서

| 문법적 관계/특별한 뜻 | (놀람/부름/대답) | 을 나타내는 말이므로

| 조사 | (감탄사) | 입니다

2

'**이야**, 멋지다.'의 '**이야**'는 문장에서

| 문법적 관계/특별한 뜻 | 놀람/부름/대답 | 을 나타내는 말이므로

| 조사 | 감탄사 | 입니다.

3

'**얘**, 너 누구니?'의 '**얘**'는 문장에서

| 문법적 관계/특별한 뜻 | 놀람/부름/대답 | 을 나타내는 말이므로

| 조사 | 감탄사 | 입니다.

3 밑줄 친 말이 무엇에 해당하는지 고르세요.

---

1 방학**도** 다 지났다. (조사) (감탄사)

---

2 **야**, 오늘 시간 있어? (조사) (감탄사)

---

3 할머니**께서** 오셨다. (조사) (감탄사)

---

4 **응**, 그렇게 하자. (조사) (감탄사)

---

4 빈칸에 가장 알맞은 조사를 <보기>에서 찾아 쓰세요.

---

1 종이( ) 비행기를 접어라.

---

2 감을 먹고 포도( ) 먹었다.

---

3 민호( ) 윤호는 형제다.

(보기) 로 / 와 / 도

5 다음 중 감탄사가 쓰인 문장을 모두 찾아 ○표 하세요.

1 어머나, 벌써 시간이 이렇게 지나다니 정말 깜짝 놀랐네.　　　　(　　　　)

2 선우, 영호, 소영이는 모두 사물놀이 동아리에 속해 있다.　　　　(　　　　)

3 첫째, 옆 사람과 떠들지 않고 조용히 공연을 관람합니다.　　　　(　　　　)

4 저기, 햇볕이 너무 눈부신데 커튼 좀 닫아 줄 수 있겠니?　　　　(　　　　)

6 각 문장의 밑줄 친 부분 중 조사를 두 개씩 찾아 ○표 하세요.

1 나**는** 지난 금요일 학교 **앞** 서점**에서** 유정이와 우연히 마주쳤다.

2 **우리** 언니는 편식**이** 무척 심해서 절대 채소**를** 먹지 않으려고 한다.

3 맛있는 잡채**와** 불고기, 된장찌개**가** 커다란 식탁 **위**에 놓여 있었다.

4 담임 선생님**께서** 하얀 도화지 위에 우리나라 지도**를** 커다랗게 **그리셨다**.

7 다음 글을 찬찬히 읽어 보고, 앞서 배운 개념들을 떠올리며 물음에 답하세요.

유관순 열사(   ) 국민들에게 많은 존경(   ) 받는 독립운동가입니다. 그는 1919년 일제 강점기 당시, 독립 만세 운동을 주도하며 조국 독립을 위해 힘쓴 인물로 알려져 있습니다. 유관순 열사는 당시 16세의 나이**로** 학생들**과** 함께 3·1 운동에 적극적으로 참여하였고, 이후 휴교령**이** 선포되자 4월 병천 시장에서 수천 명을 이끌고 또다시 만세 시위에 나섰습니다. 이날 **그**는 만세 운동 주도자로 체포되었지만, 형무소에서도 옥중 만세 운동을 펼치는 등 독립에 대한 의지를 놓지 않았습니다. 결국 유관순 열사는 18세의 나이에 서대문 형무소에서 순국했습니다. 하지만 그가 보여 준 조국 독립에 대한 의지는 지금까지도 많은 국민들에게 감동을 주고 있습니다.

역사/ 관련 주제: 광복을 위해 힘쓴 인물 파악하기 (초등 사회)

1   다음 문장이 자연스러운 문장이 되도록 빈칸에 알맞은 조사를 쓰세요.

유관순 열사(   ) 국민들에게 많은 존경(   ) 받는 독립운동가입니다.

2   밑줄 친 말들 중 조사가 <u>아닌</u> 것을 찾아 쓰세요.   (   )

3   윗글을 읽고 느낀 점을, 감탄사를 하나 이상 포함하여 문장으로 쓰세요.

문장 쓰기:

※ 역할에 따라 알맞은 조사 쓰기

※ 감탄사를 사용해 생생한 문장 쓰기

❶ 빈칸에 알맞은 **조사**를 찾아 ○표 하고,
○한 말을 넣어 완전한 문장을 쓰세요.

❷ 빈칸에 알맞은 **감탄사**를 찾아 ○표 하고,
○한 말을 넣어 완전한 문장을 쓰세요.

---

1 무지개(   ) 떴다.

(이/가)

(을/를)

→ 무지개가 떴다.

---

1 (   ), 나도 동의해.

(응)

(여러)

→

---

2 나는 그림(   ) 그렸다.

(이/가)

(을/를)

→

---

2 (   ), 첫눈이다!

(가장)

(우아)

→

---

3 사과(   ) 포도는 달다.

(와/과)

(을/를)

→

---

3 (   ), 영화 보러 갈래?

(야)

(모든)

→

---

❸ 빈칸에 어울리는 **조사**나 **감탄사**를 넣어
문장을 완성하세요.

---

1   언니 멋진 그림 그렸다.

→ 언니 ⌈ 가(는) ⌋ / 멋진 / 그림 ⌈ 을 ⌋ / 그렸다.

---

2   사과 달고 포도 달다.

→ 사과 ⌈　　　⌋ / 달고 / 포도 ⌈　　　⌋ / 달다.

---

3   깜짝 놀랐잖아!

→ ⌈　　　⌋ , / 깜짝 / 놀랐잖아!

---

❹ 빈칸에 알맞은 말을 떠올려 문장을 완성하세요.

---

1   ⌈　　　　　⌋ , / 무지개가 / 떴구나!
　　　　감탄사

---

2   우리는 / 극장 ⌈　　　⌋ / 영화 ⌈　　⌋ / 보았다.
　　　　　　　　조사　　　　　　조사

---

3   ⌈　　　⌋⌈　　⌋ / ⌈　　　　⌋ .
　　명사　　　조사　　　　형용사

배운 내용에 맞게 <보기>에서 알맞은 말을 찾아 빈칸을 채우세요!

보기   행동 / 순서 / 꾸며 / 관계 / 부사

❶ 체언(명사, 대명사, 수사) 문장에서 주로 주어나 목적어 기능을 하는 말

□ **명사**   대상의 이름을 나타내는 품사   소방관 / 달걀 / 학교

□ **대명사** 대상의 이름을 대신 나타내는 품사   우리 / 이것 / 저곳

□ **수사**   대상의 수나 양, (   )를 나타내는 품사   하나 / 일 / 첫째

❷ 용언(동사, 형용사) 문장에서 주로 주어를 서술하는 말

□ **동사**   대상의 (   )을 나타내는 품사   앉다 / 서다

□ **형용사** 대상의 상태나 성질을 나타내는 품사   깊다 / 얕다

❸ 수식언(관형사, 부사) 문장에서 주로 다른 말을 꾸며 주는 말

□ **관형사** 명사, 대명사 등을 (   ) 주는 품사   두 마리 / 그 가방

□ (   ) 동사, 형용사, 다른 부사, 문장 전체를 꾸며 주는 품사   못 가다 / 아주 크다

❹ 관계언(조사) 문장에서 주로 다른 말과의 문법적 관계를 나타내는 말

□ **조사**   다른 말과의 문법적 (   )를 나타내거나   지아만 편지를 드렸다
         특별한 의미를 더해 주는 품사

❺ 독립언(감탄사) 문장에서 독립적으로 쓰이는 말

□ **감탄사** 감정, 부름이나 대답을 나타내는 품사   어머 / 야

정답 순서 - 행동 - 꾸며 - 부사 - 관계

나만의 **문장 쓰기**

주어진 품사에 해당하는 것을 찾아
○표 하고, ○한 말을 활용해
새로운 문장을 만드세요.

1 　(개나리) / 가 / 피었다.　　　　　→ 명사

　개나리 가지에 싹이 돋았다.

2 　저분 / 께선 / 국어 / 선생님 / 이시다.　→ 대명사

3 　우리 / 재미있는 / 연극 / 을 / 보자.　→ 동사

4 　오늘 / 여러 / 사람 / 이 / 모였다.　→ 관형사

정답과 해설 31쪽

올바른 우리말 쓰기

❶ 무분별한 외국어 표현과 줄임 말
❷ 지나친 높임 표현과 비속어

실생활에서 우리말이 훼손되고 있는 사례가 무엇인지 알고, 바르게 고쳐 쓰는 법을 알아요.

우리말이 훼손되어 쓰이는 대표적인 사례로는
무분별한 외국어 표현, 줄임 말, 지나친 높임 표현, 비속어 등이 있어요.

flower / **플라워** / **꽃**

교과 연계

| 초등 | 국어 5-2 8. 〈우리말 지킴이〉
6-1 7. 〈우리말을 가꾸어요〉 | → | 중·고등 | 고등 국어-언어와 매체
〈국어 생활〉
〈높임 표현〉 |

무분별한 외국어 표현과 줄임 말

일상에서 나타나는 문법

개념 만나기

무분별한 외국어 표현 대신할 수 있는 우리말이 있는데도 외국어를 사용하는 것	'서치(search/검색)'와 '스트로베리(strawberry/딸기)'는 대신할 수 있는 우리말이 있는데도 외국어를 사용한 것이므로 무분별한 외국어 표현입니다.	서치 스트로베리
줄임 말 단어의 일부분을 줄여 만든 말	'아아'와 '얼죽아'는 '아이스 아메리카노'와 '얼어 죽어도 아이스 음료'를 줄인 말로, 줄임 말을 너무 많이 쓰면 의사소통에 문제가 생길 수 있습니다.	아아 얼죽아

플라워 케이크
*flower = 꽃

'플라워'는 우리말 '꽃'으로 대체할 수 있으므로 무분별한 외국어 표현입니다. 하지만, '케이크'와 같이 외국에서 들어온 이름을 그대로 사용하게 되어 우리말로 대체할 수 있는 표현이 없는 경우에는 이를 무분별한 표현으로 보기 어렵습니다.

단어로 개념 알기

1 바른 설명이 되도록 ○표 하세요.

1

'**서치**(search)'는 '검색/검색하다'라는 뜻의 외국어입니다.

이처럼 우리말로 대체할 수 ⬚있는⬚ ⬚없는⬚ 말을

외국어로 사용하는 것은 무분별한 표현입니다.

2

'**펫**(pet)'은 '반려동물'이라는 뜻의 외국어입니다.

이처럼 우리말로 대체할 수 ⬚있는⬚ ⬚없는⬚ 말을

외국어로 사용하는 것은 무분별한 표현입니다.

3

'**플레이어**(player)'는 '선수'라는 뜻의 외국어입니다.

이처럼 우리말로 대체할 수 ⬚있는⬚ ⬚없는⬚ 말을

외국어로 사용하는 것은 무분별한 표현입니다.

줄임 말: 단어의 일부분을 줄여 만든 말

생선
*생일 선물

줄임 말은 젊은 세대가 가상 공간에서 많이 쓰는 말로, 간단하게 대화를 주고받을 수 있다는 장점이 있습니다. 하지만 줄임 말을 너무 자주 사용하면 줄임 말을 잘 모르는 사람들과 소통 문제가 생길 수 있고, 특히 세대 간의 의사소통이 어려워질 수 있어 주의해야 합니다.

2 바른 설명이 되도록 ○표 하세요.

1

'**문상**'은 '문화 상품권'의 ┃ 외국어 ┃ (줄임 말) ┃ 입니다.

이와 같은 말을 지나치게 많이 사용할 경우

의사소통에 문제가 생길 수 있으므로 주의해야 합니다.

2

'**열공**'은 '열심히 공부하다'의 ┃ 외국어 ┃ 줄임 말 ┃ 입니다.

이와 같은 말을 지나치게 많이 사용할 경우

의사소통에 문제가 생길 수 있으므로 주의해야 합니다.

3

'**깜놀**'은 '깜짝 놀라다'의 ┃ 외국어 ┃ 줄임 말 ┃ 입니다.

이와 같은 말을 지나치게 많이 사용할 경우

의사소통에 문제가 생길 수 있으므로 주의해야 합니다.

3 밑줄 친 외국어 표현을 대신할 수 있는 우리말로 바르게 바꾸어 쓴 것은 무엇인지 고르세요.

1 **팩트**를 따져 보아야 한다.　　　　　（ 사실 ）　（ 체크 ）　（ 트루 ）

2 색깔은 **블루**가 좋겠어.　　　　　　（ 블랙 ）　（ 레드 ）　（ 파랑 ）

3 정말 **해피**한 이야기야.　　　　　　（ 러브 ）　（ 행복 ）　（ 새드 ）

4 그는 훌륭한 **플레이어**이다.　　　　（ 리더 ）　（ 선수 ）　（ 플라워 ）

4 줄임 말을 바르게 풀어 쓴 문장을 찾아 ○표 하세요.

1 우영이가 삼김을 사 먹었다.　　　　　　（　　　）

　 우영이가 삼각 김밥을 사 먹었다.　　　　（　　　）

2 학교 앞 버정에서 만나자.　　　　　　　（　　　）

　 학교 앞 버스 정류장에서 만나자.　　　　（　　　）

3 어제 인방을 보았어.　　　　　　　　　　（　　　）

　 어제 인터넷 방송을 보았어.　　　　　　（　　　）

5 다음 중 무분별한 외국어 표현이 사용된 문장에는 ○표, 사용되지 않은 문장에는 X표 하세요.

1 어제 연아는 유명한 셰프가 출연하는 방송을 보았다. ( )

2 이 가게는 인기가 무척 많아서 매일 모든 제품이 매진된다. ( )

3 한결이는 오늘 백화점에서 멋진 스니커즈를 한 켤레 샀다. ( )

4 공공장소에서는 너무 크게 떠들지 않도록 주의해야 한다. ( )

6 각 문장에서 우리말이 바르게 쓰이지 않은 부분을 찾아 ○표 하고, 이를 바르게 고쳐 쓰세요.

1 나는 펫 박람회에 가서 우리 집 강아지를 위한 간식을 잔뜩 샀다.

→

2 내일은 내 생일이므로 갖고 싶은 생선 목록을 작성할 것이다.

→

3 이 스트로베리 케이크가 우리 가게에서 가장 잘 팔리는 상품이야.

→

7 다음 글을 찬찬히 읽어 보고, 앞서 배운 개념들을 떠올리며 물음에 답하세요.

오늘은 형에게 까르보나라 파스타의 레시피를 배웠다. 먼저 **베이컨**과 마늘을 적당한 크기로 자른다. 그 다음 프라이팬에 **오일**을 두르고 마늘을 볶는다. 마늘 향이 나기 시작하면 베이컨을 넣고 갈색이 날 때까지 함께 볶아 준다. 다음으로 그릇에 달걀 노른자와 치즈 가루를 넣고 잘 젓는다. 여기서 소금 간을 하고, 볶은 베이컨을 넣으면 맛있는 소스가 된다. 이 소스에 삶은 파스타 면을 넣고 잘 섞으면 까르보나라 파스타가 완성된다. 다음엔 형과 함께 먹방도 찍어 봐야지!

일상/ 관련 주제: 위생적이고 안전하게 음식 조리하기 (초등 실과)

---

1 밑줄 친 말의 뜻풀이를 보고, 대신할 수 있는 우리말이 있는 것을 찾아 ○표 하세요.

㉠ **베이컨**: 돼지고기를 소금에 절여, 연기에 익히거나 삶아서 말린 식품.　　(　　　)

㉡ **오일**: 물보다 가볍고 불을 붙이면 잘 타는 액체로, 기름을 뜻함.　　(　　　)

---

2 윗글의 줄임 말 먹방을 바르게 풀어 쓴 친구의 이름을 쓰세요.　(　　　　　)

세훈: 이 파스타를 더 맛있게 **먹는 방법**이 궁금하다.

서희: 어제 이 파스타 **먹는 방송**을 봤는데 맛있어 보였어.

---

3 윗글의 레시피는 우리말로 대신할 수 있는 외국어입니다.
글의 내용을 참고하여 레시피를 쓰지 <u>않고</u> 다음 문장을 완성하세요.

문장 쓰기: 윗글은 (　　　　　　　　　　　　　　　) 알려 주는 글입니다.

※ 외국어는 대체할 수 있는 우리말로 바꾸어 쓰기

※ 줄임 말의 말뜻을 알고 풀어서 쓰기

❶ **무분별한 외국어 표현**이 **아닌 것**을 찾아 ○표 하고, ○한 말을 넣어 우리말이 바르게 사용된 문장을 쓰세요.

❷ **줄임 말을 풀어 쓴 것**을 찾아 ○표 하고, ○한 말을 넣어 우리말이 바르게 사용된 문장을 쓰세요.

1　　（　　）맛 사탕을 샀다.

（ 애플 ）

（ 사과 ）

→　　사과 맛 사탕을 샀다.

1　　우리（　　）하자.

（ 열공 ）

（ 열심히 공부 ）

→

2　　（　　）색 모자가 예쁘다.

（ 그린 ）

（ 초록 ）

→

2　　（　　）먹어도 돼?

（ 삼김 ）

（ 삼각 김밥 ）

→

3　　（　　）하나만 먹자.

（ 모찌 ）

（ 찹쌀떡 ）

→

3　　나（　　）입었어.

（ 마상 ）

（ 마음의 상처 ）

→

❸ 밑줄 친 **무분별한 외국어 표현**이나 **줄임 말**을
바르게 고쳐 쓰세요.

---

1   나는 지금 무척 **해피해**.

→   나는 지금 무척 ┆ 행복해. ┆

---

2   경주의 숙소 정보를 **서치해** 보았어.

→   경주의 숙소 정보를 ┆   ┆ 보았어.

---

3   **문상** 2만 원이 1등 상품이야.

→   ┆   ┆ 2만 원이 1등 상품이야.

---

❹ 빈칸에 알맞은 말을 떠올려 문장을 완성하세요.

---

1   유나는 ┆   ┆ 무늬가 있는 치마를 샀다.

    '플라워(flower)'의 우리말

---

2   학교 앞 ┆   ┆ 에서 만나자.

    줄임 말 '버정'의 뜻

---

3   ┆   ┆ 용품이 너무 비싸서 ┆   ┆ .

    '펫(pet)'의 우리말   줄임 말 '깜놀'의 뜻

---

② 지나친 높임 표현과 비속어

개념 만나기

지나친 높임 표현 사람이 아닌 사물을 높여 표현하는 것	'케이크', '음료'와 같은 사물에는 높임 표현을 사용할 수 없습니다. '떨어졌습니다', '나왔습니다'로 고쳐 쓰는 것이 적절합니다.	케이크는 **떨어지셨습니다.** 음료 **나오셨습니다.**
비속어 대상을 낮추거나 상스럽고 거친 말	'구라'와 '쩐다'는 비속어입니다. '거짓말', '좋다, 대단하다' 등으로 고쳐 쓰는 것이 적절합니다.	**구라** **쩐다**

 옷이 **예쁘십니다.**
→ 예쁩니다.

지나친 높임 표현은 일상에서 흔히 발견되는 잘못된 표현으로, 특히 고객을 상대하는 가게에서 자주 쓰입니다. 예를 들어 '옷이 예쁘십니다.'에서 '옷'은 사물이므로 높일 수 없습니다. 따라서 '옷이 예쁩니다.'라고 고쳐 써야 적절한 표현입니다.

단어/문장으로 개념 알기

1 바른 설명이 되도록 ○표 하세요.

1 '피자 **나오셨습니다.**'는 [사람 / (사물)] 을

높이고 있으므로 잘못된 표현입니다.

따라서 '피자 [(나왔습니다) / 완성되셨습니다].'로 고쳐 써야 합니다.

2 '떡은 **만 원이십니다.**'는 [사람 / 사물] 을

높이고 있으므로 잘못된 표현입니다.

따라서 '떡은 [만 원입니다 / 만 원이세요].'로 고쳐 써야 합니다.

3 '**할인되신** 제품입니다.'는 [사람 / 사물] 을

높이고 있으므로 잘못된 표현입니다.

따라서 '[할인된 / 할인하신]'으로 고쳐 써야 합니다.

주둥이
→ 입

비속어를 쓰면 상대방에게 불쾌감을 줄 수 있고, 나쁜 인상을 심어 주기 쉽습니다. 따라서 비속어와 같은 무례한 표현을 삼가고, 예의를 갖춘 올바른 우리말을 사용하기 위해 노력해야 합니다.

2 바른 설명이 되도록 ○표 하세요.

1

'**낯짝**'은 '얼굴'의 [외국어] (비속어) 입니다.

이와 같은 말을 사용할 경우

상대방에게 불쾌감을 줄 수 있으므로 주의해야 합니다.

2

'**코빼기**'는 '코'의 [외국어] [비속어] 입니다.

이와 같은 말을 사용할 경우

상대방에게 불쾌감을 줄 수 있으므로 주의해야 합니다.

3

'**대가리**'는 '머리'의 [외국어] [비속어] 입니다.

이와 같은 말을 사용할 경우

상대방에게 불쾌감을 줄 수 있으므로 주의해야 합니다.

3 올바른 높임 표현 사용에 주의하며, 빈칸에 알맞은 말을 찾아 선으로 이으세요.

1 컴퓨터가 (   ). •

                • ㉠ 고장 났습니다

                • ㉡ 고장 나셨습니다

2 이 옷은 (   ). •

                • ㉠ 품절되었습니다

                • ㉡ 품절되셨습니다

3 고모께서 (   ). •

                • ㉠ 놀러 왔습니다

                • ㉡ 놀러 오셨습니다

4 비속어 사용에 주의하며, 우리말을 바르게 쓴 문장을 찾아 ○표 하세요.

1 내 동생은 목이 길다.   (   )

  내 동생은 모가지가 길다.   (   )

2 넌 정말 겁이 없구나.   (   )

  넌 정말 겁대가리가 없구나.   (   )

3 여기서 당장 꺼지지 못해?   (   )

  여기서 당장 나가지 못해?   (   )

5 밑줄 친 말에 주의하며, 우리말을 바르게 쓴 문장을 모두 찾아 ○표 하세요.

1 그가 쓸데없이 **주둥이를 놀리는** 바람에 상황이 난처해졌다. (   )

2 죄송하지만 이 운동화의 재고가 모두 **떨어지셨습니다.** (   )

3 선생님께서 다음 주 시험에 대한 공지 사항을 **말씀하셨다.** (   )

4 세경이가 담임 선생님의 **모자가 참 멋지다며** 감탄했다. (   )

6 다음 문장에서 지나친 높임 표현이 사용된 부분을 찾아 ○표 하고, 이를 바르게 고쳐 쓰세요.

1 우리 할머니께서 직접 쓰신 이 소설은 무척 재미있고 감동적이시다.

→

2 이걸 직접 요리하셨다니, 수프가 무척 맛있으셔서 깜짝 놀랐습니다.

→

3 손님께서 주문하신 이 옷과 신발들은 모두 합쳐 팔만 원이십니다.

→

7 다음 글을 찬찬히 읽어 보고, 앞서 배운 개념들을 떠올리며 물음에 답하세요.

> 수아: 이 분홍색 스카프는 재고가 있나요?
>
> 점원: ㉠손님, 죄송하지만 그 제품은 현재 매진되셨습니다. 혹시 이 하늘색 스카프는 보셨나요? 저희 매장에서 가장 인기 있는 제품입니다.
>
> 수아: 아, 이것도 예쁘네요. 수한아, 우리 이걸로 할까?
>
> 수한: 좋다. 할머니 선물로 딱이겠어. 분홍색 스카프는 ㉡멋대가리 없었어.
>
> 수아: 그럼 이걸로 할게요. 포장해 주실 수 있나요?
>
> 점원: 네, 포장해 드리겠습니다. 잠시만 기다려 주세요.
>
> *국어 생활/ 관련 주제: 일상생활에서 국어 바르게 사용하기 (초등 국어)*

---

1 밑줄 친 ㉠에서 지나친 높임 표현이 쓰인 부분을 찾아 바르게 고쳐 쓰세요.

(   ) → (   )

---

2 밑줄 친 ㉡에 대해 바르게 설명하지 <u>못한</u> 친구의 이름을 쓰세요. (   )

주은: 이런 표현을 자주 쓰면 나쁜 인상을 줄 수 있어.

세영: 수한이는 무분별한 외국어 표현을 사용했네.

진우: '멋이 없었어'라고 고쳐 쓰는 것이 바람직해.

---

3 다음은 윗글 이후 점원의 말입니다. 올바른 높임 표현 사용에 주의하며 윗글과 내용이 자연스럽게 이어지도록 문장을 완성하세요.

문장 쓰기: 손님, 선물이 다 (   ).

※ 높이는 대상이 무엇인지 알고 높임 표현 바르게 쓰기
※ 비속어는 고운 말로 순화해 쓰기

❶ **지나친 높임 표현**이 **아닌 것**을 찾아 ○표 하고, ○한 말을 넣어 우리말이 바르게 사용된 문장을 쓰세요.

❷ **비속어**가 **아닌 것**을 찾아 ○표 하고, ○한 말을 넣어 우리말이 바르게 사용된 문장을 쓰세요.

1　　　　　　　（　　　）제품입니다.

　　　　　　（품절된）

　　　　　　（품절되신）

→　　품절된 제품입니다.

1　　　잠깐 （　　　） 주시겠어요?

　　　　　　　　　（나가）

　　　　　　　　　（꺼져）

→

2　　　　찌개가 （　　　）.

　　　　　（뜨겁습니다）

　　　　　（뜨거우십니다）

→

2　　（　　　）을/를 함부로 놀리네.

　　　　　　　　　（입）

　　　　　　　　（주둥이）

→

3　　　　　　（　　　）작품입니다.

　　　　　　（감동적인）

　　　　　　（감동적이신）

→

3　　　　　（　　　）굴리지 마라.

　　　　　　　　（머리）

　　　　　　　（대가리）

→

❸ 밑줄 친 **지나친 높임 표현**이나 **비속어**를
바르게 고쳐 쓰세요.

---

1 주문하신 수제비 **나오셨습니다**.

→ 주문하신 수제비 ⟦ 나왔습니다. ⟧

---

2 신고 오신 구두가 무척 **멋지십니다**.

→ 신고 오신 구두가 무척 ⟦　　　　　⟧.

---

3 아무래도 형이 **구라를** 친 것 같아.

→ 아무래도 형이 ⟦　　　　　⟧ 친 것 같아.

---

❹ 빈칸에 제시된 말을 알맞게 활용해 문장을 완성하세요.

---

1 이 운동화는 다음 주에 ⟦　　　　　⟧ 예정입니다.

동사 '출시되다' 활용

---

2 주문하신 물건이 모두 ⟦　　　　　⟧.

동사 '준비되다' 활용

---

3 기린은 ⟦　　　　　⟧ 긴 동물이다.

비속어 '모가지' 순화

배운 내용에 맞게 <보기>에서 알맞은 말을 찾아 빈칸을 채우세요!

보기   높임 / 비속어 / 외국어

❶ 우리말 훼손 사례: 무분별한 외국어 표현과 줄임 말

☐ 대체할 수 있는 우리말이 있는데도 무분별하게 ( )를 사용하는 것	플라워(flower) 서치(search)
☐ 줄임 말을 지나치게 많이 사용하는 것	생선(생일 선물) 문상(문화 상품권)

❷ 우리말 훼손 사례: 지나친 높임 표현과 비속어

☐ 사물에 ( ) 표현을 사용하는 것	옷이 예쁘십니다 음료 나오셨습니다
☐ ( )를 많이 사용하는 것	주둥이(입) 낯짝(얼굴)

정답 외국어 - 높임 - 비속어

빈칸에 들어갈 말을 바르게 쓴 것을 찾아
○표 하고, ○한 말을 활용해
새로운 문장을 만드세요.

1 주문하신 음료가 (   ).   (나왔습니다)   (나오셨습니다)

우리 회사 신제품이 나왔습니다.

2 요즘 인기 있는 (   )이야.   (인방)   (인터넷 방송)

3 병아리가 아주 (   ).   (귀엽다)   (큐트하다)

4 정말 (   )가 난다.   (화)   (화딱지)

정답과 해설 32쪽

① 반의어·다의어

대학수학능력시험 변형

● <보기>의 (가)에 들어갈 수 <u>없는</u> 내용으로 적절한 것은? (정답 2개)

<보기>

어떤 단어가 여러 의미를 지녔을 경우, 각각의 의미에 따라 반의어도 달라질 수 있다. 가령 '시계가 서다'에서 '서다'의 반의어는 '가다'인데, '공연을 서서 보다'에서 '서다'의 반의어는 '앉다'가 된다.

단 어	예 문	반 의 어
빼다	주차장에서 차를 **뺐다**.	대다
	(가)	넣다

① 풍선에 바람을 **뺐다**. ② 설날이 다가와서 가래떡을 **뺐다**.
③ 주머니에서 손을 **뺐다**. ④ 새집 냄새를 **뺐다**.
⑤ 이번 경기에서는 그를 **뺐다**.

 '반의어'가 무엇인지를 알아야 풀 수 있는 문제야. 반의어는 서로 공통점이 있으면서, 뜻이 서로 반대인 말이라는 걸 배웠지? 그럼 문맥에 따라 '뺐다'가 어떤 뜻으로 쓰였는지 살펴보고, 이와 뜻이 반대인 말을 찾으면 되겠군!

해설 <보기>에서는 '빼다'의 다의어를 제시하고, 각각의 반의어를 연결시키고 있어.
따라서 (가)에 들어갈 '빼다'는 '넣다'의 반의어여야 해, '빼다'의 자리에 '넣다'를 넣어 말이 자연스럽게 연결되지 않는 것을 찾으면, 답을 찾을 수 있겠지?

① 풍선에 바람을 **뺐다**/넣었다. (O)
② 설날이 다가와서 가래떡을 **뺐다**/넣었다. (X)
③ 주머니에서 손을 **뺐다**/넣었다. (O)
④ 새집 냄새를 **뺐다**/넣었다. (X)
⑤ 경기에서 그를 **뺐다**/넣었다. (O)

😊 따라서 정답은 (2, 4)번이겠어!

② 동형어

대학수학능력시험

● **문맥을 고려할 때, 밑줄 친 말이 ⓐ~ⓔ의 동음이의어가 <u>아닌</u> 것은?**

- 디지털 통신 시스템은 송신기, 채널, 수신기로 구성되며, ⓐ**전송**할 데이터를 빠르고 정확하게 전달하기 위해 부호화 과정을 거쳐 전송한다.
- 영상, 문자 등인 데이터는 ⓑ**기호** 집합에 있는 기호들의 조합이다.
- 송신기에서는 소스 부호화, 채널 부호화, 선 부호화를 거쳐 기호를 ⓒ**부호**로 변환한다.
- 전송된 부호를 수신기에서 원래의 기호로 ⓓ**복원**하려면 부호들의 평균 비트 수가 기호 집합의 엔트로피보다 크거나 같아야 한다.
- 전압의 ⓔ**결정** 방법은 선 부호화 방식에 따라 다르다.

① ⓐ: 공항에서 해외로 떠나는 친구를 **전송(餞送)**할 계획이다.
② ⓑ: 대중의 **기호(嗜好)**에 맞추어 상품을 개발한다.
③ ⓒ: 나는 가난하지만 귀족이나 **부호(富豪)**가 부럽지 않다.
④ ⓓ: 한번 금이 간 인간관계를 **복원(復原)**하기는 어렵다.
⑤ ⓔ: 이 작품은 그 화가의 오랜 노력의 **결정(結晶)**이다.

'동음이의어(동형어)'가 무엇인지를 알아야 풀 수 있는 문제야. 동형어는 소리와 형태는 같지만, 뜻이 전혀 다른 말이라는 걸 배웠지? 그럼 문맥에 따른 말뜻을 살펴보고, 뜻이 같게 쓰인 것을 찾으면 정답이겠군!

 해설

ⓐ **'전송(電送)할 데이터'** → 글이나 사진 따위를 전류나 전파를 이용해 먼 곳에 전달함.
　'친구를 전송(餞送)할 계획' → 서운하여 잔치를 베풀고 떠나 보냄.
ⓑ **'기호(記號) 집합'** → 어떤 뜻을 나타내기 위해 쓰이는 부호나 문자.
　'대중의 기호(嗜好)' → 즐기고 좋아함.
ⓒ **'부호(符號)로 변환'** → 일정한 뜻을 나타내기 위해 따로 정하여 쓰는 기호.

'귀족이나 부호(富豪)' → 재산이 넉넉하고 세력이 있는 사람.
ⓓ **'기호로 복원(復原)'** → 원래대로 회복함.
　'인간관계를 복원(復原)' → 원래대로 회복함.
ⓔ **'전압의 결정(決定) 방법'** → 행동이나 태도를 분명하게 정함.
　'오랜 노력의 결정(結晶)' → 노력하여 보람 있는 결과를 이루는 것.

　👦 **따라서 정답은 (4)번이겠어!**

③ 합성어·파생어

고3 9월 모의고사 변형

● <보기>의 ㉠~㉤ 중, 합성어와 같은 단어 형성 방법에 해당하는 사례를 있는 대로 고른 것은?

<보기>

㉠ '선생님'을 줄여서 '샘'이라는 말을 만들었다.

㉡ '개-'와 '살구'를 결합하여 '개살구'라는 말을 만들었다.

㉢ '인공'과 '위성'을 결합하여 '인공위성'이라는 말을 만들었다.

㉣ '점잖다'라는 형용사로부터 '점잔'이라는 말을 만들었다.

㉤ '비빔'과 '냉면'을 결합하여 '비빔냉면'이라는 말을 만들었다.

① ㉠, ㉣   ② ㉢, ㉤   ③ ㉠, ㉡, ㉢   ④ ㉡, ㉢, ㉤   ⑤ ㉡, ㉣, ㉤

'합성어'가 무엇이고, 어떤 짜임을 가지고 있는지 알아야 풀 수 있는 문제야. 합성어는 뜻이 있는 말들끼리 합쳐진 말이라는 걸 배웠지? 그럼 위 <보기>의 ㉠~㉤ 중, 각각 뜻이 있는 말들끼리 합쳐진 단어에 대한 설명을 찾으면 되겠군! 참, 형성 방법을 잘 살펴보고 합성어와 파생어를 헷갈리지 않도록 주의하자.

해설

㉠ '샘' → '선생님'이라는 말을 짧게 줄여서 만듦.

㉡ '개살구' → 뜻을 더해 주는 말 '개-(야생 상태의, 질이 떨어지는)'와 뜻이 있는 말 '살구(살구나무의 열매)'를 합쳐서 만듦.

㉢ '인공위성' → 뜻이 있는 말 '인공(사람이 하는 일)'과 '위성(지구 등의 행성 주위를 돌도록 로켓을 이용해 쏘아 올린 장치)'을 합쳐서 만듦.

㉣ '점잔' → '점잖다'라는 말을 짧게 줄여서 만듦.

㉤ '비빔냉면' → 뜻이 있는 말 '비빔(밥이나 국수 따위에 고기나 나물을 넣고 양념을 섞어 비빈 음식)'과 '냉면(차게 해서 먹는 국수)'을 합쳐서 만듦.

👩 따라서 정답은 (2)번이겠어!

● **<보기>에 관한 설명으로 틀린 것은?**

<보기>

㉠ 철수는 **고등학생이** 되었다.

㉡ 소녀의 눈동자가 **초롱초롱** 빛난다.

㉢ 어머나, 아기가 **물을** 엎질렀구나!

① ㉠의 밑줄 친 부분은 주어이다.

② ㉡의 밑줄 친 부분은 부사어이다.

③ ㉢의 밑줄 친 부분은 목적어이다.

④ ㉠, ㉢의 밑줄 친 부분은 주성분이다.

⑤ ㉡의 밑줄 친 부분은 부속 성분이다.

문장 성분의 종류와 각각의 특징이 무엇인지를 알아야 풀 수 있는 문제야. 주성분에는 주어, 서술어, 목적어, 보어가 있고, 부속 성분에는 관형어와 부사어가 있지. <보기>를 보고 밑줄 친 부분이 어떤 문장 성분인지 파악하면 정답을 찾을 수 있겠군!

해설 ㉠ 밑줄 친 '고등학생이'는 서술어 '되었다'의 앞에서 뜻을 보충해 주고 있어. '되다, 아니다' 앞에서 뜻을 보충해 주는 성분은 보어이지.

㉡ 밑줄 친 '초롱초롱'은 서술어 '빛난다'를 꾸며 주고 있어. 또 이 문장 안에서 '어떻게'에 해당하지. 그렇다면 '초롱초롱'은 부사어에 해당하겠네.

㉢ 밑줄 친 '물을'은 이 문장 안에서 동작 '엎질렀구나'의 대상이 되는 말이야. 또 '누구를/무엇을'에 해당하지. 따라서 '물을'은 이 문장의 목적어야.

😊 **따라서 정답은 (1)번이겠어!**

⑤ 대명사 · 관형사 · 부사

고2 전국연합학력평가

● **<보기>의 ㉠~㉢에 해당하는 것을 바르게 분류한 것은?**

<보기>

㉠관형사, ㉡대명사, ㉢부사 중에는 '이, 그, 여기, 이리, 그리' 등과 같이 '지시성'을 지닌 단어들이 있다. 이들은 지시성이라는 공통점 때문에 구별이 쉽지 않으므로 문장 내에서의 기능을 통해 단어의 품사를 파악해야 한다.

ⓐ <u>이</u> 사과는 맛있게 생겼다.   ⓑ <u>그</u> 책 좀 나에게 빌려줄 수 있어?

ⓒ <u>여기</u>가 바로 우리의 고향입니다.   ⓓ <u>이리</u> 가까이 오게.

ⓔ <u>그리</u> 물건을 보내겠습니다.

	㉠	㉡	㉢
①	ⓐ	ⓑ, ⓒ	ⓓ, ⓔ
③	ⓑ, ⓒ	ⓓ, ⓔ	ⓐ
⑤	ⓒ, ⓓ	ⓐ	ⓑ, ⓔ

	㉠	㉡	㉢
②	ⓐ, ⓑ	ⓒ	ⓓ, ⓔ
④	ⓑ, ⓓ	ⓔ	ⓐ, ⓒ

우리말 품사 중 관형사, 대명사, 부사의 특징이 무엇인지 알아야 풀 수 있는 문제야. 대명사는 어떤 대상의 이름을 대신 나타내는 품사이고, 관형사는 체언(명사, 대명사, 수사)을 꾸며 주는 품사, 부사는 동사나 형용사, 다른 부사, 문장 전체를 꾸며 줄 수 있는 품사라는 걸 배웠지? 이 특징을 잘 기억하며 <보기>를 살펴보면 정답을 찾을 수 있겠군!

 해설

ⓐ '이'는 명사 '사과'를 꾸며 주는 말이므로 관형사야.

ⓑ '그'는 명사 '책'을 꾸며 주는 말이므로 관형사야.

ⓒ '여기'는 명사 '고향'을 대신 나타내는 말이므로 대명사야.

ⓓ '이리'는 '이쪽으로'라는 뜻으로 쓰였는데, 문맥상 동사 '오게'를 꾸며 주고 있으므로 부사야.

ⓔ '그리'는 '그쪽으로'라는 뜻으로 쓰였는데, 문맥상 동사 '보내겠습니다'를 꾸며 주고 있으므로 부사야.

😊 따라서 정답은 (2)번이겠어!

초등 국어 문법이 쓰기다

1

정답과 해설

교육 R&D에 앞서가는
Key 키출판사

초등 국어 문법이 쓰기다 ①

정답과 해설

1단원 〈단어의 의미 관계〉

유의어 반의어

1 **1~4** 비슷한 말, 유의어

2 **1~4** 반대인 말, 반의어

3 **1** 생선 **2** 동네 **3** 달다 **4** 싫다

4 **1** 하산 **2** 더위 **3** 이롭다 **4** 감추다

5 **1** 반의어 **2** 유의어 **3** 반의어 **4** 반의어

6 **1** 겨를 **2** 토론 **3** 불행 **4** 가해

7 **1** 청결하지

　 2 단점

　 3 예) 모든 사람은 장점과 단점이 있다.
　　　 (해설 참조)

해설

4 **1** '등산'은 '산을 오르다'라는 뜻이므로, '산을 내려가다'를 의미하는 '하산'이 '등산'의 반의어입니다. '등반'은 '험한 산이나 높은 곳의 정상에 오름'을 뜻합니다.

　 3 '해롭다'는 '해가 되는 점이 있다'는 뜻이므로, '이익이 있다'를 의미하는 '이롭다'가 '해롭다'의 반의어입니다.

5 **1** '부유하다'는 '재산이 넉넉하다'는 뜻이므로 '가난하다'와 뜻이 반대되는 말입니다.

　 3 '공통점'은 '여럿 사이에 두루 통하는 점'을 뜻하며, '차이점'은 '서로 다른 점'을 뜻합니다. 따라서 두 단어는 뜻이 반대되는 말입니다.

　 4 '수입'은 '다른 나라로부터 상품, 기술 따위를 국내로 사들임'이라는 뜻이며, '수출'은 '국내의 상품, 기술 따위를 다른 나라에 팔아 내보냄'이라는 뜻이므로 두 단어는 뜻이 반대되는 말입니다.

6 **1** '틈'과 '겨를'은 모두 '어떤 일을 하다가 생각 따위를 다른 데로 돌릴 수 있는 시간적 여유'를 뜻하므로, 서로 뜻이 비슷한 말입니다.

　 4 '가해'는 '생명, 신체나 재산 등에 해를 가하다'라는 뜻이며, '피해'는 '생명, 신체나 재산 등에 해를 입다'라는 뜻이므로 '가해'는 '피해'와 뜻이 반대되는 말입니다.

7 **1** '깨끗하지'의 유의어를 문장 ㉠ 안에서 찾아 쓰라고 했으므로, '깨끗하지'와 뜻이 비슷한 말 '청결하지'를 그대로 씁니다.

　 2 '장점'은 '좋은 점'이라는 뜻이므로, '장점'과 뜻이 반대인 말은 '모자라거나 부족한 점'이란 뜻을 가진 말인 '단점'입니다.

　 3 '장점'과 '장점'의 반의어를 모두 넣어 쓰라고 했으므로, '장점'과 '단점'을 모두 포함해 완결된 문장을 썼을 경우 정답으로 인정합니다.

정답

❶ 밑줄 친 말의 **유의어**를 찾아 ○표 하고, **뜻이 비슷한 문장**을 쓰세요.

❷ 밑줄 친 말의 **반의어**를 찾아 ○표 하고, **뜻이 반대인 문장**을 쓰세요.

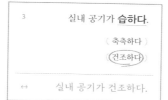

❸ **뜻이 비슷한 문장**이 되도록 빈칸에 알맞은 말을 떠올려 쓰세요.

1 나는 늘 책상을 **청결하게** 관리한다.
→ 나는 늘 책상을 [깨끗하게] 관리한다.

2 쓰레기 때문에 주변이 **지저분했다**.
→ 쓰레기 때문에 주변이 [더러웠다].

3 사소한 일에 **분노하지** 마라.
→ 사소한 일에 [화내지] 마라.
〈해설 참조〉

❹ 앞말과 **뜻이 반대**가 되도록 빈칸에 알맞은 말을 떠올려 쓰세요.

1 흥부는 가난하지만, 놀부는 [부유하다].

2 토끼는 게으르지만, 거북이는 [부지런하다].

3 이 의자는 불편하지만, 저 의자는 [편하다].
〈해설 참조〉

해설

❶ 1 '매콤하다'와 '맵다'는 뜻이 비슷한 말입니다.

2 '지루하다'는 '시간이 오래 걸리거나 같은 상태가 오래 계속되어 따분하고 싫증이 나다'라는 뜻으로, '따분하다'와 뜻이 비슷한 말입니다.

3 '이'와 '치아'는 뜻이 비슷한 말입니다.

❷ 1 '기쁘다'와 '슬프다'는 뜻이 서로 반대인 말입니다.

2 '깊다'와 '얕다'는 뜻이 서로 반대인 말입니다.

3 '습하다'는 '메마르지 않고 물기가 많아 축축하다'라는 뜻으로, '말라서 습기가 없다'라는 뜻을 가진 '건조하다'와 뜻이 반대인 말입니다.

❸ 1 '청결하다'와 뜻이 비슷한 말을 써야 합니다. '청결하다'에는 '맑고 깨끗하다'라는 뜻이 있으며, 이와 비슷한 뜻을 가진 말은 '깨끗하다', '정갈하다' 등이 있습니다.

2 '지저분하다'와 뜻이 비슷한 말을 써야 합니다. '지저분하다'에는 '정돈이 되어 있지 않고 어수선하다', '보기 싫게 더럽다' 등의 뜻이 있으며, 이와 비슷한 뜻을 가진 말은 '더럽다', '너저분하다', '꾀죄죄하다' 등이 있습니다.

3 '분노하다'와 뜻이 비슷한 말을 써야 합니다. '분노하다'에는 '분개하여 몹시 성을 내다'라는 뜻이 있으며, 이와 비슷한 뜻을 가진 말은 '화내다', '분개하다', '노하다', '격노하다' 등이 있습니다.

❹ 1 '가난하다'와 뜻이 반대인 말을 써야 합니다. '가난하다'에는 '살림살이가 넉넉하지 못하여 몸과 마음이 괴로운 상태에 있다'라는 뜻이 있으며, 이와 반대인 뜻을 가진 말은 '부유하다', '부하다' 등이 있습니다.

2 '게으르다'와 뜻이 반대인 말을 써야 합니다. '게으르다'에는 '행동이 느리고 움직이거나 일하기를 싫어하는 버릇이 있다'라는 뜻이 있으며, 이와 반대인 뜻을 가진 말은 '부지런하다', '근면하다' 등이 있습니다.

3 '불편하다'와 뜻이 반대인 말을 써야 합니다. '불편하다'에는 '어떤 것을 사용하는 것이 거북하거나 괴롭다', '몸과 마음이 편하지 않고 괴롭다' 등의 뜻이 있으며, 이와 반대인 뜻을 가진 말은 '편하다', '편리하다' 등이 있습니다.

1단원 〈단어의 의미 관계〉

상의어
하의어

정답

1　**1~4** 포함하는 말, 상의어

2　**1~3** 포함되는 말, 하의어
　　　　(빈칸 채우기 문제는 해설 참조)

3　**1** 국가　**2** 동물　**3** 계절　**4** 문학

4　**1** 제비　**2** 연어　**3** 배구　**4** 바지

5　**1** 상의어　**2** 하의어　**3** 상의어　**4** 하의어

6　**1** 정치인　**2** 예술가　**3** 언론인　**4** 과학자

7　**1** 문자 (또는 문화)

　　2 젓가락

　　3 ㉠ 보리, 밀 등 (해설 참조)
　　　　예) 보리가 아주 잘 익었다. (해설 참조)

해설

2　**1**　'건조기', '텔레비전' 등 '가전제품'에 포함되는 단어를 떠올려 씁니다.

　　2　'피아노', '북' 등 '악기'에 포함되는 단어를 떠올려 씁니다.

　　3　'책상', '탁자' 등 '가구'에 포함되는 단어를 떠올려 씁니다.

3　**4**　'소설'은 문학의 한 갈래이므로 '문학'에 포함되는 말입니다. 문학에는 시, 소설, 수필, 희곡 등이 포함됩니다.

4　**4**　'의류'는 옷을 가리키는 말입니다. '이불', '베개' 등은 잠을 자는 데 쓰이는 침구류에 해당합니다.

5　**2**　'숭례문'이 '국보로 지정되었다'고 했으므로, '숭례문'은 '국보'에 포함되는 말임을 알 수 있습니다.

6　**1**　'정치'는 국가의 권력을 획득하고 행사하는 활동을 말합니다. '국회 의원'은 국민의 대표로 선출되어 정치 활동에 참여하는 직업이므로, '정치인'에 포함되는 말입니다.

　　2　'예술가'는 예술 작품을 창작하거나 표현하는 것을 직업으로 하는 사람입니다. 소설은 예술 작품의 하나이므로, '소설가'는 '예술가'에 포함되는 말입니다.

　　3　'언론인'은 신문, 방송, 잡지 등의 언론 기관에서 일하는 직업을 가진 사람을 가리키므로, '기자'는 '언론인'에 포함되는 말입니다.

　　4　'물리학'은 과학의 한 분야이므로, '물리학자'는 '과학자'에 포함되는 말입니다.

7　**1**　지문에 나와 있는 '한자'를 포함하는 말은 '문자'와 '문화'입니다. 두 가지를 모두 쓰거나, 둘 중 하나를 쓰면 정답으로 인정합니다.

　　2　지문에 나와 있는 '식사 도구'에 포함되는 말은 '젓가락'입니다.

　　3　㉠에는 '보리', '밀' 등 곡식에 포함되는 말을 한 가지 떠올려 쓰고, ㉠에 쓴 단어를 사용해 완결된 문장을 썼을 경우 정답으로 인정합니다.

정답

❶ 밑줄 친 말의 **상의어**를 찾아 ○표 하고, 상하 관계가 드러나는 문장을 쓰세요.

1   **토마토**는 ( )이다.   (버섯)   (채소)
→ 토마토는 채소이다.

2   **청바지**는 ( )이다.   (의류)   (침구류)
→ 청바지는 의류이다.

3   **한국어**는 ( )이다.   (영어)   (언어)
→ 한국어는 언어이다.

❷ 밑줄 친 말의 **하의어**를 찾아 ○표 하고, 상하 관계가 드러나는 문장을 쓰세요.

1   ( )은 **나물**이다.   (떡국)   (콩나물)
→ 콩나물은 나물이다.

2   ( )는 **유제품**이다.   (과자)   (우유)
→ 우유는 유제품이다.

3   ( )은 **도시**이다.   (서울)   (시골)
→ 서울은 도시이다.

❸ 밑줄 친 말을 **포함하는** 뜻이 되도록 빈칸에 가장 알맞은 말을 쓰세요.

1   나는 **시, 소설, 희곡 등**을 자주 읽는다.
→ 나는 | 문학을 | 자주 읽는다.

2   안 입는 **티셔츠, 바지, 치마 등**을 기부하자.
→ 안 입는 | 옷을 | 기부하자.

3   이 가게는 **기타, 북, 바이올린 등**을 팔고 있다.
→ 이 가게는 | 악기를 | 팔고 있다.

(해설 참조)

❹ 밑줄 친 말에 **포함되는** 뜻이 되도록 빈칸에 알맞은 말을 쓰세요.

1   **스포츠**에는 | 축구 |, | 농구 |, | 야구 | 등이 있다.

2   **음료**에는 | 콜라 |, | 주스 |, | 커피 | 등이 있다.

3   **국가**에는 | 한국 |, | 미국 |, | 호주 | 등이 있다.

(해설 참조)

해설

❶ 1   '토마토'는 '채소'의 한 종류이므로 '채소'에 포함되는 말입니다.

2   '의류'는 옷에 속한 것들을 통틀어 이르는 말이므로, '청바지'는 '의류'에 포함되는 말입니다.

3   '한국어'는 '언어'의 한 종류이므로 '언어'에 포함되는 말입니다.

❷ 1   '나물'은 사람이 먹을 수 있는 풀이나 나뭇잎을 통틀어 이르는 말이므로, '콩나물'은 '나물'에 포함되는 말입니다.

2   '유제품'은 우유를 가공하여 만든 식품을 통틀어 이르는 말이므로, '우유'는 '유제품'에 포함되는 말입니다.

3   '서울'은 '도시' 중 하나이므로 '도시'에 포함되는 말입니다.

❸ 1   '시', '소설', '희곡' 등은 모두 문학의 한 분야이므로 문학에 포함되는 말입니다.

2   '티셔츠', '바지', '치마' 등은 모두 옷(의류)의 한 종류이므로 옷(의류)에 포함되는 말입니다.

3   '기타', '북', '바이올린' 등은 모두 악기의 한 종류이므로 악기에 포함되는 말입니다.

❹ 1   '스포츠'는 일정한 규칙에 따라 개인이나 단체끼리 속력, 기능 등을 겨루는 일을 말합니다. 따라서 축구, 농구, 야구 등 스포츠에 포함되는 말을 3개 이상 바르게 썼을 경우 정답으로 인정합니다.

2   '음료'는 사람이 마실 수 있도록 만든 액체를 통틀어 이르는 말입니다. 따라서 콜라, 주스, 커피 등 음료에 포함되는 말을 3개 이상 바르게 썼을 경우 정답으로 인정합니다.

3   '국가'는 일정한 영토와 그곳에 사는 사람들로 구성되어 있고, 주권에 의한 하나의 통치 조직을 가지고 있는 사회 집단을 가리키는 말입니다. 따라서 한국, 미국, 호주 등 국가에 포함되는 말을 3개 이상 바르게 썼을 경우 정답으로 인정합니다.

1단원 〈단어의 의미 관계〉

동형어 다의어

1   **1~4** 전혀 다른, 동형어

2   **1~4** 관련 있는, 다의어

3   **1** ○   **2** ✕   **3** ✕   **4** ○

4   **1** 쌓다, 다의어   **2** 짜다, 동형어

    3 기르다, 다의어

5   **1** ①   **2** ②   **3** ①

6   **1** 다의어   **2** 동형어   **3** 동형어

7   **1** 예) 내린다는데

    2 ①

    3 예) 이 동네는 길이 무척 복잡하다.
        (해설 참조)

해설

2   **1**   손가락의 '손'과 신체 기관 '손'

    2   신체 기관 '발'과 걷는 동작을 뜻하는 '발'

    3   신체 기관 '입'과 입에서 나오는 말씨를 뜻하는 '입'

    4   신체 기관 '눈'과 시력을 뜻하는 '눈'
      → 1~4의 뜻풀이를 보면 모두 서로 관련 있는 뜻임을 알 수 있습니다.

3   **1**   신체 기관 '손'과 손가락의 '손'은 서로 의미상 관련 있는 말입니다.

    4   '값이 오르다'의 '오르다'는 '값이나 수치 따위가 이전보다 높아지다'의 뜻으로 쓰였고, '계단을 오르다'의 '오르다'는 '아래에서 위쪽으로 움직여 가다'라는 뜻으로 쓰였습니다. 따라서 둘은 서로 의미상 관련 있는 말입니다.

4   **1**   '실력을 쌓다'의 '쌓다'는 '경험, 지식 따위를 많이 이루다'의 뜻으로 쓰였고, '탑을 쌓다'의 '쌓다'는 '물건을 차곡차곡 얹어 구조물을 이루다'의 뜻으로 쓰였습니다.

    3   '수염을 기르다'의 '기르다'는 '털을 깎지 않고 길게 자라게 하다'의 뜻으로 쓰였고, '고양이를 기르다'의 '기르다'는 '동식물을 보살펴 자라게 하다'의 뜻으로 쓰였습니다.
      → 1, 3의 뜻풀이를 보면 모두 서로 관련 있는 뜻임을 알 수 있습니다.

6   **1**   '머리 크기'의 '머리'는 목 위의 신체 기관을, '머리를 자르려고'의 '머리'는 머리털을 뜻하므로 서로 의미상 관련 있는 말입니다.

7   **1**   지문 속 '눈'은 앞을 보는 신체 기관 '눈'을 가리킵니다. '일기 예보' 등과 어울리는 '눈'의 동형어를 쓰려면 '눈'이 하늘에서 내리는 얼음 결정체의 뜻으로 쓰이도록 빈칸에 알맞은 말을 써야 합니다.

    2   북극성을 나침반 삼아 '길을 찾는다'고 했으므로, ①, ②의 뜻풀이를 대입해 보면 문맥상 ①의 뜻이 더 자연스럽습니다.

    3   '사람, 동물 등이 지나갈 수 있게 땅 위에 낸 일정한 공간'의 뜻으로 쓰인 '길'을 넣어 완결된 문장을 썼을 경우 정답으로 인정합니다.

정답

❶ 밑줄 친 말의 **동형어**를 찾아 ○표 하고,
밑줄 친 말과 **전혀 다른 뜻**으로 사용된
문장을 쓰세요.

1
그릇을 **깨다**.
(컵을 깨다)
(잠에서 깨다)
→　　잠에서 깨다.

2
숫자를 **세다**.
(돈을 세다)
(바람이 세다)
→　　바람이 세다.

3
길을 **걷다**.
(빠르게 걷다)
(빨래를 걷다)
→　　빨래를 걷다.

❷ 밑줄 친 말의 **다의어**를 찾아 ○표 하고,
밑줄 친 말과 서로 **관련 있는 뜻**으로
사용된 문장을 쓰세요.

1
날씨가 **차다**.
(발로 차다)
(마음이 차다)
→　　마음이 차다.

2
불씨가 **타다**.
(고기가 타다)
(상금을 타다)
→　　고기가 타다.

3
물에 **빠지다**.
(사랑에 빠지다)
(기운이 빠지다)
→　　사랑에 빠지다.

❸ 밑줄 친 말들이 서로 **동형어**가 되도록
빈칸에 알맞은 말을 넣어 문장을 완성하세요.

1　현재가 농구팀 주장을 **맡았다**.　　→　　꽃의　향기를　**맡았다**.

2　열매가 주렁주렁 **달리다**.　　→　　　시골길을　**달리다**.

3　여행 일정을 **짜다**.　　→　　　소금이　**짜다**.

(해설 참조)

❹ 밑줄 친 말들이 서로 **다의어**가 되도록
빈칸에 알맞은 말을 넣어 문장을 완성하세요.

1　**머리**를 잘랐다.　　→　　나는 **머리**가　좋다　.

2　**눈**을 의식하다.　　→　　누나는 **눈**이　나쁘다　.

3　반지를 낀 **손**　　→　　진우는 **손**이　차갑다　.

(해설 참조)

해설

❶ 1 '그릇을 깨다'의 '깨다'는 '단단한 물체를 쳐서 조각이 나게 하다'라는 뜻이며, '잠에서 깨다'의 '깨다'는 '잠, 꿈 따위에서 벗어나다'라는 뜻이므로 동형어입니다.

　 2 '숫자를 세다'의 '세다'는 '사물의 수를 헤아리거나 꼽다'는 뜻이며, '바람이 세다'의 '세다'는 '기세가 강하다'는 뜻이므로 동형어입니다.

　 3 '길을 걷다'의 '걷다'는 '다리를 움직여 발을 번갈아 떼어 옮기다'라는 뜻이며, '빨래를 걷다'의 '걷다'는 '널거나 깐 것을 다른 곳으로 치우거나 한곳에 두다'라는 뜻이므로 동형어입니다.

❷ 1 '날씨가 차다'의 '차다'는 '온도가 낮다'는 뜻이며, '마음이 차다'는 '인정이 없고 쌀쌀하다'는 뜻이므로 서로 뜻이 관련 있는 다의어입니다.

　 2 '불씨가 타다'의 '타다'는 '높은 열로 불이 붙어 번지거나 불꽃이 일어나다'라는 뜻이며, '고기가 타다'의 '타다'는 '뜨거운 열을 받아 지나치게 익다'라는 뜻이므로 서로 뜻이 관련 있는 다의어입니다.

　 3 '물에 빠지다'의 '빠지다'는 '물이나 구덩이 따위 속으로 떨어져 잠기다'라는 뜻이며, '사랑에 빠지다'의 '빠지다'는 '무엇에 정신이 쏠리어 헤어나지 못하다'라는 뜻이므로 서로 뜻이 관련 있는 다의어입니다.

❸ 1 '주장을 맡다'의 '맡다'는 '어떤 일에 대한 책임을 지고 담당하다'라는 뜻입니다. 이 말의 동형어로는 '코로 냄새를 느끼다'라는 뜻의 '맡다'가 있으므로, 이 뜻과 자연스럽게 연결되는 말을 씁니다.

　 2 '열매가 달리다'의 '달리다'는 '열매가 맺히다'라는 뜻입니다. 이 말의 동형어로는 '빨리 가거나 오다'라는 뜻의 '달리다'가 있으므로, 이 뜻과 자연스럽게 연결되는 말을 씁니다.

　 3 '일정을 짜다'의 '짜다'는 '계획이나 일정 따위를 세우다'라는 뜻입니다. 이 말의 동형어로는 '소금과 같은 맛이 있다' 등의 뜻을 가진 '짜다'가 있으므로 이 뜻과 자연스럽게 연결되는 말을 씁니다.

❹ 1 '머리를 자르다'의 '머리'는 머리털을 뜻하는 것으로 신체 기관 '머리'에서 비롯된 말입니다. 이처럼 신체 기관 '머리'와 관련된 뜻이 되도록 자연스럽게 연결되는 말을 씁니다.

　 2 '눈'에는 신체 기관 '눈'에서 비롯된 여러 가지 뜻이 있습니다. '눈을 의식하다'에서 쓰인 '사람들의 눈길'을 제외한 뜻을 사용해 자연스럽게 연결되는 말을 씁니다.

　 3 '손'에는 신체 기관 '손'에서 비롯된 여러 가지 뜻이 있습니다. '반지를 낀 손'에서 쓰인 '손가락'을 제외한 뜻을 사용해 자연스럽게 연결되는 말을 씁니다.

2단원 〈단어의 짜임〉

단일어
복합어

1   1~4 없으므로, 단일어

2   1~4 있으므로, 복합어

3   1 닭/고기   2 손/수건   3 풋/고추

4   1 단   2 밤/낮   3 논/밭

5   1 밤/하늘, 별/빛   2 살구/꽃   3 콩/국수

6   1 붕어빵-△, 겨울-○

    2 마을-○, 통나무집-△

    3 털모자-△, 장갑-○

    4 소고기-△, 미역국-△

7   1 팥빙수, 얼음물

    2 예) 물 (해설 참조)

    3 '뚜껑'에 ✓
       예) 물병은 뚜껑을 살짝 열어 둔 채로 얼리는 것이 좋
          다. (해설 참조)

해설

2   3   '풋-'은 '덜 익은'이라는 뜻으로, '풋사과'는 의미상
        '풋/사과'로 나눌 수 있습니다.

    4   '날-'은 '익히지 않은'이라는 뜻으로, '날고기'는 의
        미상 '날/고기'로 나눌 수 있습니다.

3   3   '풋-'은 '덜 익은'이라는 뜻으로, '풋고추'는 의미상
        '풋/고추'로 나눌 수 있습니다.

4   1   '무지개'는 '무/지개' 또는 '무지/개'로 나누면 뜻이
        사라지는 단일어입니다. 따라서 뜻을 가진 더 작은
        부분으로 나누어 표시할 수 없습니다.

5   2   '나무'는 '나/무'로 나누면 뜻이 사라지는 단일어입
        니다. 따라서 뜻을 가진 더 작은 부분으로 나누어 표
        시할 수 없습니다.

    3   '만두'는 '만/두'로 나누면 뜻이 사라지는 단일어입
        니다. 따라서 뜻을 가진 더 작은 부분으로 나누어 표
        시할 수 없습니다.

6   1   '겨울'은 뜻을 가진 더 작은 부분으로 나눌 수 없는
        단일어입니다.

    2   '마을'은 뜻을 가진 더 작은 부분으로 나눌 수 없는
        단일어입니다.

    3   '장갑'은 뜻을 가진 더 작은 부분으로 나눌 수 없는
        단일어입니다.

7   1   '팥빙수'와 '얼음물'은 각각 뜻을 가진 더 작은 부분
        인 '팥/빙수', '얼음/물'로 나눌 수 있는 복합어입니
        다. '사람'과 '음료'는 뜻을 가진 더 작은 부분으로
        나눌 수 없는 단일어입니다.

    2   '물', '약' 등 '병'과 합쳐 복합어를 만들 수 있는 말
        을 썼을 경우 정답으로 인정합니다.

    3   '뚜껑'은 그릇이나 상자 따위의 입구를 덮는 물건으
        로, 뜻을 가진 더 작은 부분으로 나눌 수 없는 단일
        어입니다. 따라서 '뚜껑'에 ✓표 합니다. 또 이 말을
        사용해 문장을 쓰라고 했으므로, '뚜껑'을 넣어 완
        결된 문장을 썼을 경우 정답으로 인정합니다.

정답

❶ 빈칸에 알맞은 **단일어**를 찾아 ○표 하고,
　○한 말을 넣어 완전한 문장을 쓰세요.

1　（　）을/를 먹었다.
　（보리）
　（보리밥）
→　보리를 먹었다.

2　（　）이 더러워졌다.
　（수건）
　（손수건）
→　수건이 더러워졌다.

3　（　）에 금이 갔다.
　（그릇）
　（국그릇）
→　그릇에 금이 갔다.

❷ 빈칸에 알맞은 **복합어**를 찾아 ○표 하고,
　○한 말을 넣어 완전한 문장을 쓰세요.

1　（　）을/를 먹었다.
　（보리）
　（보리밥）
→　보리밥을 먹었다.

2　（　）이 더러워졌다.
　（수건）
　（손수건）
→　손수건이 더러워졌다.

3　（　）에 금이 갔다.
　（그릇）
　（국그릇）
→　국그릇에 금이 갔다.

❸ 밑줄 친 자리에 들어갈 수 있는 **단일어**를 넣어
　새로운 **복합어**를 만드세요.

1　**가래**떡 한 봉지 주세요.　→　시루 떡 한 봉지 주세요.

2　내 동생은 **욕심**쟁이 이다.　→　내 동생은 겁 -쟁이 이다.

3　**사냥**꾼 이 늑대를 만났다.　→　나무 -꾼 이 늑대를 만났다.

〔해설 참조〕

❹ 밑줄 친 **단일어**에 다른 단일어 하나를 합쳐
　새로운 **복합어**를 쓰세요.

1　나는 **찌개** 중에 김치찌개 가 제일 좋다.

2　이 감나무 는 오래된 **나무**이다.

3　소고기 로 **고기**볶음을 만들었다.

〔해설 참조〕

해설

❶　1　'보리'는 뜻을 가진 더 작은 부분으로 나눌 수 없습니다.

　　2　'수건'은 뜻을 가진 더 작은 부분으로 나눌 수 없습니다.

　　3　'그릇'은 뜻을 가진 더 작은 부분으로 나눌 수 없습니다.

❷　1　'보리밥'은 뜻을 가진 더 작은 부분인 '보리/밥'으로 나눌 수 있습니다.

　　2　'손수건'은 뜻을 가진 더 작은 부분인 '손/수건'으로 나눌 수 있습니다.

　　3　'국그릇'은 뜻을 가진 더 작은 부분인 '국/그릇'으로 나눌 수 있습니다.

❸　1　'떡'에 새로운 단어를 합쳐 뜻을 가진 더 작은 부분으로 나눌 수 있는 말을 만들어야 합니다. '시루', '무지개' 등 '떡'과 합쳐 복합어를 만들 수 있는 단어를 쓰면 정답으로 인정합니다.

　　2　'-쟁이'에 새로운 단어를 합쳐 뜻을 가진 더 작은 부분으로 나눌 수 있는 말을 만들어야 합니다. '겁',

'멋' 등 '-쟁이'와 합쳐 복합어를 만들 수 있는 단어를 쓰면 정답으로 인정합니다.

　　3　'-꾼'에 새로운 단어를 합쳐 뜻을 가진 더 작은 부분으로 나눌 수 있는 말을 만들어야 합니다. '나무', '장사' 등 '-꾼'과 합쳐 복합어를 만들 수 있는 단어를 쓰면 정답으로 인정합니다.

❹　1　'찌개'에 새로운 단어를 합쳐 뜻을 가진 더 작은 부분으로 나눌 수 있는 말을 써야 합니다. '김치', '된장' 등 '찌개'와 어울리는 말을 합쳐 복합어를 만들었을 경우 정답으로 인정합니다.

　　2　'나무'에 새로운 단어를 합쳐 뜻을 가진 더 작은 부분으로 나눌 수 있는 말을 써야 합니다. '은행', '사과' 등 '나무'와 어울리는 말을 합쳐 복합어를 만들었을 경우 정답으로 인정합니다.

　　3　'고기'에 새로운 단어를 합쳐 뜻을 가진 더 작은 부분으로 나눌 수 있는 말을 써야 합니다. '소', '돼지' 등 '고기'와 어울리는 말을 합쳐 복합어를 만들었을 경우 정답으로 인정합니다.

2단원 〈단어의 짜임〉

합성어 파생어

1 **1~3** 뜻이 있는 말, 합성어

2 **1~3** 뜻을 더해 주는 말, 파생어

3 **1** 밥/그릇 **2** 김/밥 **3** 된장/찌개

4 **1** 맨/발 **2** 햇/밤 **3** 겁/쟁이

5 **1** 고기-○, 만두-○

  2 나무-○, 꾼-△

  3 책-○, 가방-○

6 **1** 합성어 **2** 파생어 **3** 파생어 **4** 합성어

7 **1** 한겨울

  2 예) 물김치 (해설 참조)

  3 떠올린 단어: 예) 밤나무
  할아버지께서 밤나무를 심으셨다.
  (해설 참조)

해설

2 **1~3** '-쟁이'는 '그 특징을 많이 가진 사람'을 뜻하며, '햇-'은 '그해에 난', '맨-'은 '다른 것이 없는'이라는 뜻을 가지고 있습니다. 셋 모두 항상 다른 말에 붙어서 뜻을 더해 주는 말로, 혼자 쓰일 수 없습니다.

4 **1~3** '맨-', '햇-', '-쟁이'는 모두 항상 다른 말에 붙어서 뜻을 더해 주는 말입니다.

5 **2** '-꾼'은 항상 다른 말에 붙어서 뜻을 더해 주는 말입니다.

6 **2** '-꾼'은 뜻을 더해 주는 말이므로 '재주꾼'은 파생어입니다. (5-2 해설 참조)

  3 '헛-'은 항상 다른 말에 붙어서 뜻을 더해 주는 말이므로, '헛걸음'은 파생어입니다.

7 **1** '한겨울'의 '한-'은 항상 다른 말에 붙어 '한창인', '큰', '정확한' 등의 뜻을 더해 주는 말입니다. 따라서 '한겨울'은 뜻이 있는 말 '겨울'에 뜻을 더해 주는 말이 합쳐진 파생어입니다. '김장', '겨울'은 모두 뜻을 가진 더 작은 부분으로 나눌 수 없는 단일어입니다.

  2 '배추김치'는 의미상 '배추/김치'로 나눌 수 있습니다. 두 단어 모두 다른 말에 붙지 않고 쓰일 수 있는 실질적인 뜻이 있는 말이므로, '배추김치'는 합성어입니다. 따라서 '물김치', '파김치' 등 '김치'와 다른 뜻이 있는 말이 합쳐진 합성어를 썼을 경우 정답으로 인정합니다.

  3 '배추김치'는 복합어 중 합성어입니다. (7-2 해설 참조) 뜻이 있는 말끼리 합쳐진 단어를 한 가지 떠올려 쓴 다음, 이 단어를 사용해 완결된 문장을 만들었을 경우 정답으로 인정합니다.

정답

❶ 빈칸에 알맞은 **합성어**를 찾아 ○표 하고, ○한 말을 넣어 완전한 문장을 쓰세요.

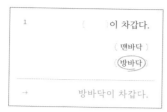

❷ 빈칸에 알맞은 **파생어**를 찾아 ○표 하고, ○한 말을 넣어 완전한 문장을 쓰세요.

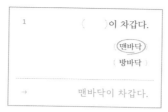

❸ 밑줄 친 자리에 들어갈 수 있는 **단일어**를 넣어 새로운 **합성어나 파생어**를 만드세요.

1 (날**것**)을 함부로 먹지 마라.

→ 날- ┊ 달걀 ┊ 을 함부로 먹지 마라.

2 (맨**손**)이라 너무 춥다.

→ 맨- ┊ 발 ┊ 이라 너무 춥다.

3 삼촌네 **콩밭** 이 넓다.

→ 삼촌네 ┊ 논 ┊ 밭 ┊ 이 넓다.

(해설 참조)

❹ 밑줄 친 말에 다른 단어 하나를 합쳐 새로운 **합성어나 파생어**를 쓰세요.

1 나는 잠**꾸러기**이고, 형은 ┊ 욕심꾸러기 ┊ 이다.
파생어

2 아침에 미역**국**을, 저녁에 ┊ 된장국 ┊ 을 먹는다.
합성어

3 내가 물**통**을 닦고, 네가 ┊ 쓰레기통 ┊ 을 닦아.
합성어

(해설 참조)

해설

❶ 1 '방바닥'은 실질적인 뜻이 있는 말 '방'과 '바닥'이 합쳐진 말입니다

2 '콩밥'은 실질적인 뜻이 있는 말 '콩'과 '밥'이 합쳐진 말입니다.

3 '과일즙'은 실질적인 뜻이 있는 말 '과일'과 '즙'이 합쳐진 말입니다.

❷ 1 '맨바닥'은 실질적인 뜻이 있는 말 '바닥'에, 항상 다른 말에 붙어서 뜻을 더해 주는 말 '맨-'이 합쳐진 말입니다.

2 '풋콩'은 실질적인 뜻이 있는 말 '콩'에, 항상 다른 말에 붙어서 뜻을 더해 주는 말 '풋-'이 합쳐진 말입니다.

3 '햇과일'은 실질적인 뜻이 있는 말 '과일'에, 항상 다른 말에 붙어서 뜻을 더해 주는 말 '햇-'이 합쳐진 말입니다.

❸ 1 실질적인 뜻이 있는 말 중, 항상 다른 말에 붙어서 '익지 않은'이라는 뜻을 더해 주는 말인 '날-'과 합쳐 파생어를 만들 수 있는 단어를 씁니다.

2 실질적인 뜻이 있는 말 중, 항상 다른 말에 붙어서 '다른 것이 없는'이라는 뜻을 더해 주는 말인 '맨-'과 합쳐 파생어를 만들 수 있는 단어를 씁니다.

3 실질적인 뜻이 있는 말 중, 또 다른 실질적인 뜻이 있는 말 '밭'과 합쳐 합성어를 만들 수 있는 단어를 씁니다.

❹ 1 실질적인 뜻이 있는 말과, 항상 다른 말에 붙어서 뜻을 더해 주는 말인 '-꾸러기'를 합쳐 파생어를 만들어야 합니다. '욕심', '장난' 등 '-꾸러기'와 합칠 수 있는 단어를 떠올려 파생어를 썼을 경우 정답으로 인정합니다.

2 '국'과, 또 하나의 실질적인 뜻이 있는 말을 합쳐 합성어를 만들어야 합니다. '된장', '떡' 등 '국'과 합칠 수 있는 단어를 떠올려 합성어를 썼을 경우 정답으로 인정합니다.

3 '통'과, 또 하나의 실질적인 뜻이 있는 말을 합쳐 합성어를 만들어야 합니다. '쓰레기', '휴지' 등 '통'과 합칠 수 있는 단어를 떠올려 합성어를 썼을 경우 정답으로 인정합니다.

3단원 〈문장 성분〉

주성분 ①
주어
서술어

정답

1　**1~3** 누가/무엇이, 주어

2　**1~3** 무엇이다/어찌하다/어떠하다, 서술어

3　**1** 민희가　**2** 벚꽃이　**3** 매콤하다

4　**1** 서술어　**2** 주어　**3** 서술어　**4** 주어

5　**1** 주어　**2** 서술어　**3** 주어　**4** 서술어

6　**1** 울었다　**2** 오셨다　**3** 땄다　**4** 샀다

7　**1** 찾아온다고

　　2 가은

　　3 오동잎이 떨어집니다.

해설

2　**1**　'금이다'는 '무엇이다'에 해당합니다.

　　2　'많다'는 상태나 성질을 풀이한 말이므로 '어떠하다'에 해당합니다.

　　3　'짖다'는 동작을 풀이한 말이므로 '어찌하다'에 해당합니다.

3　**3**　'어떠하다'는 주어의 상태나 성질을 풀이한 말이므로, '매콤하다'가 적절합니다.

6　**1**　이 문장의 주어는 '고양이가'이므로, 이 문장에서 주체인 고양이의 동작이나 상태, 성질을 풀이한 말은 '울었다'입니다.

　　2　이 문장의 주어는 '보건 선생님께서'이므로, 이 문장에서 주체인 보건 선생님의 동작이나 상태, 성질을 풀이한 말은 '오셨다'입니다.

　　3　이 문장의 주어는 '언니가'이므로, 이 문장에서 주체인 언니의 동작이나 상태, 성질을 풀이한 말은 '땄다'입니다.

4　이 문장의 주어는 '승윤이가'이므로, 이 문장에서 주체인 승윤이의 동작이나 상태, 성질을 풀이한 말은 '샀다'입니다.

7　**1**　㉠에서 '누가/무엇이'에 해당하며 동작이나 상태, 성질의 주체가 되는 말은 '겨울이'이므로, 이 문장의 주어는 '겨울이'입니다. 주어 '겨울이'의 동작이나 상태, 성질을 풀이한 말은 '찾아온다고'이므로 이 문장의 서술어는 '찾아온다고'입니다.

　　2　㉡에서 '누가/무엇이'에 해당하며 동작이나 상태, 성질의 주체가 되는 말은 '오동잎이'이므로 이 문장의 주어는 '오동잎이'입니다. 주어 '오동잎이'의 동작이나 상태, 성질을 풀이한 말은 '떨어집니다'이므로 이 문장의 서술어는 '떨어집니다'입니다. 주어와 서술어는 모두 생략할 수 없는 주성분입니다.

　　3　7-2 해설 참고

정답

❶ 빈칸에 알맞은 **주어**를 찾아 ○표 하고, ○한 말을 넣어 주어와 서술어로 이루어진 문장을 쓰세요.

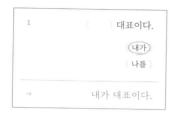

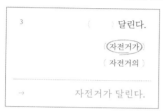

❷ 빈칸에 알맞은 **서술어**를 찾아 ○표 하고, ○한 말을 넣어 주어와 서술어로 이루어진 문장을 쓰세요.

❸ **주어**와 **서술어**로만 이루어진 문장으로 바꾸어 쓰세요.

1 귀여운 **너구리가** 연못에 비친 자신을 **쳐다보았다.**

→ 너구리가 / 쳐다보았다.

2 빨간 자동차가 뻥 뚫린 고속도로를 빠르게 달렸다.

→ 자동차가 / 달렸다.

3 어제 냉동고에 꽁꽁 얼려 둔 얼음이 무척 차갑다.

→ 얼음이 / 차갑다.

(해설 참조)

❹ 빈칸에 알맞은 말을 떠올려 문장을 완성하세요.

1 옷이 / 아주 / 작다.
   주어(누가/무엇이)

2 언니가 / 신나게 / 춤춘다.
                          서술어(어찌하다)

3 커다란 / 사과가 / 열렸다.
          주어(누가/무엇이)   서술어(무엇이다/어찌하다/어떠하다)

(해설 참조)

해설

❶ 1 동작이나 상태, 성질의 주체이며, '누가'에 해당하는 '내가'가 이 문장의 주어입니다.

2 동작이나 상태, 성질의 주체이며, '무엇이'에 해당하는 '얼음이'가 이 문장의 주어입니다.

3 동작이나 상태, 성질의 주체이며, '무엇이'에 해당하는 '자전거가'가 이 문장의 주어입니다.

❷ 1 주어 '너구리가'의 상태나 성질을 풀이하며, '어떠하다'에 해당하는 '귀엽다'가 이 문장의 서술어입니다.

2 주어 '자동차가'의 동작을 풀이하며, '어찌하다'에 해당하는 '달린다'가 이 문장의 서술어입니다.

3 주어 '불꽃이'의 상태나 성질을 풀이하며, '어떠하다'에 해당하는 '뜨겁다'가 이 문장의 서술어입니다.

❸ 1 동작이나 상태, 성질의 주체이며 '무엇이'에 해당하는 '너구리가'가 이 문장의 주어입니다. 또 주어 '너구리가'의 동작을 나타내며 '어찌하다'에 해당하는 서술어는 '쳐다보았다'입니다.

2 동작이나 상태, 성질의 주체이며 '무엇이'에 해당하는 '자동차가'가 이 문장의 주어입니다. 또 주어 '자

동차가'의 동작을 나타내며 '어찌하다'에 해당하는 서술어는 '달렸다'입니다.

3 동작이나 상태, 성질의 주체이며 '무엇이'에 해당하는 '얼음이'가 이 문장의 주어입니다. 또 주어 '얼음이'의 상태나 성질을 나타내며 '어떠하다'에 해당하는 서술어는 '차갑다'입니다.

❹ 1 동작이나 상태, 성질의 주체이며 '누가/무엇이'에 해당하는 말을 써야 합니다. 서술어 '작다'와 자연스럽게 연결되는 주어를 썼을 경우 정답으로 인정합니다.

2 주어의 동작을 나타내며 '어찌하다'에 해당하는 말을 써야 합니다. 주어 '언니가'와 꾸며 주는 말 '신나게'에 자연스럽게 연결되는 서술어를 썼을 경우 정답으로 인정합니다.

3 동작이나 상태, 성질의 주체이며 '누가/무엇이'에 해당하는 주어와, 동작이나 상태, 성질을 풀이하며 '무엇이다/어찌하다/어떠하다'에 해당하는 서술어를 써야 합니다. 꾸며 주는 말 '커다란'에 자연스럽게 연결되는 주어와 서술어를 썼을 경우 정답으로 인정합니다.

3단원 〈문장 성분〉

주성분 ②
목적어
보어

정답

1 **1~3** 누구를/무엇을, 목적어

2 **1~3** 무엇이, 보어

3 **1** 공을 **2** 닭이 **3** 너를

4 **1** 목적어 **2** 보어 **3** 목적어 **4** 보어

5 **1** 목적어 **2** 목적어 **3** 보어 **4** 보어

6 **1** △ **2** ○ **3** △ **4** ○

7 **1** 형을

 2 지원

 3 예) 골을 넣었다, 활약을 했다 등
   (해설 참조)

해설

3 1 '무엇을' 던졌다고 했으므로, 던진 대상이 되는 사물인 '공을'을 쓰는 것이 적절합니다.

 3 '누구를' 좋아한다고 했으므로, 좋아하는 대상이 되는 사람인 '너를'을 쓰는 것이 적절합니다.

5 1 밑줄 친 '방학을'은 동작 '보냈다'의 대상이 되는 말로, 문장에서 '무엇을'에 해당하는 목적어입니다.

 2 밑줄 친 '반찬을'은 동작 '팔고 있다'의 대상이 되는 말로, 문장에서 '무엇을'에 해당하는 목적어입니다.

6 2 밑줄 친 '호평을'은 동작 '받으며'의 대상이 되는 말로, 문장에서 '무엇을'에 해당하는 목적어입니다.

7 1 목적어는 동작의 대상이 되는 말로, '누구를/무엇을'에 해당합니다. 이 문장에서 주어의 동작을 가리키는 말은 '응원했다'로, '응원했다'의 대상이 되는 말은 '형을'입니다. 따라서 이 문장의 목적어는 '형을'입니다.

 2 ⓒ에서 '누가/무엇이'에 해당하며 동작이나 상태, 성질의 주체가 되는 말은 '형이'이므로, 이 문장의 주어는 '형이'입니다. 또 '무엇이다/어찌하다/어떠하다'에 해당하며 주어의 동작이나 상태, 성질을 풀이한 말은 '되었다'이므로, 이 문장의 서술어는 '되었다'입니다. 'MVP가'는 서술어 '되었다' 앞에서 뜻을 보충해 주고 있으므로 보어에 해당합니다. 주어와 보어, 서술어는 모두 문장에서 생략할 수 없는 주성분입니다.

 3 지문의 내용과 일치하도록 쓰라고 했으므로, 지문에 나타난 사촌 형의 행동을 찾아 목적어(동작의 대상)와 서술어(동작)만을 사용해 '누구를/무엇을+어찌하다'의 형태로 문장을 완성합니다.

정답

❶ 빈칸에 알맞은 **목적어**를 찾아 ○표 하고,
　 ○한 말을 넣어 주어, 목적어, 서술어로
　 이루어진 문장을 쓰세요.

❷ 빈칸에 알맞은 **보어**를 찾아 ○표 하고,
　 ○한 말을 넣어 주어, 보어, 서술어로
　 이루어진 문장을 쓰세요.

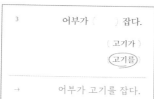

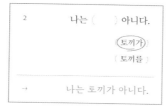

❸ 주어와 **목적어(혹은 보어)**, 서술어로만 이루어진 문장으로 바꾸어 쓰세요.

1　사랑스러운 **아기가** 따뜻한 **우유를** 맛있게 **마셨다.**

→ 　아기가 　/　 우유를 　/　 마셨다 　.

2　산 위로 떠오른 달이 맑은 호수를 환하게 비추었다.

→ 달이 　/　 호수를 　/　 비추었다 　.

3　작고 귀여웠던 우리 병아리가 어느덧 닭이 되었다.

→ 병아리가 　/　 닭이 　/　 되었다 　.

〔해설 참조〕

❹ 빈칸에 알맞은 말을 떠올려 문장을 완성하세요.

1　하얀 　/　 강아지가 　/　 물을 　/　 마셨다.
　　　　　　　　　　　목적어(무엇을)

2　누나가 　/　 회장이 　/　 되었다.
　　　　　　　보어(무엇이)

3　토끼가 　/　 집을 　/　 지었다 　.
　　　　　　목적어(누구를/무엇을)　　서술어(어찌하다)

〔해설 참조〕

해설

❶
1　동작 '마시다'의 대상이 되며, '무엇을'에 해당하는 '우유를'이 이 문장의 목적어입니다.

2　동작 '비추다'의 대상이 되며, '무엇을'에 해당하는 '호수를'이 이 문장의 목적어입니다.

3　동작 '잡다'의 대상이 되며, '무엇을'에 해당하는 '고기를'이 이 문장의 목적어입니다.

❷
1　서술어 '되다'를 보충하며, '무엇이'에 해당하는 '말이'가 이 문장의 보어입니다.

2　서술어 '아니다'를 보충하며, '무엇이'에 해당하는 '토끼가'가 이 문장의 보어입니다.

3　서술어 '아니다'를 보충하며, '무엇이'에 해당하는 '겨울이'가 이 문장의 보어입니다.

❸
1　주어 '아기가'의 동작을 나타내며 '어찌하다'에 해당하는 '마셨다'가 이 문장의 서술어입니다. 동작 '마셨다'의 대상이 되며 '무엇을'에 해당하는 목적어는 '우유를'입니다.

2　주어 '달이'의 동작을 나타내며 '어찌하다'에 해당하는 '비추었다'가 이 문장의 서술어입니다. 동작 '비추었다'의 대상이 되며 '무엇을'에 해당하는 목적어는 '호수를'입니다.

3　주어 '병아리가'의 서술어 '되었다'를 보충하며 '무엇이'에 해당하는 보어는 '닭이'입니다.

❹
1　동작 '마셨다'의 대상으로 '무엇을'에 해당하며, 주어 '강아지가'와 서술어 '마셨다'에 자연스럽게 연결되는 목적어를 썼을 경우 정답으로 인정합니다.

2　서술어 '되었다'를 보충하고 '무엇이'에 해당하며, 주어 '누나가'와 서술어 '되었다'에 자연스럽게 연결되는 보어를 썼을 경우 정답으로 인정합니다.

3　동작의 대상이 되며 '누구를/무엇을'에 해당하는 목적어를 떠올려 쓰고, 이 목적어와 주어 '토끼가'에 자연스럽게 연결되며 '어찌하다'에 해당하는 서술어를 썼을 경우 정답으로 인정합니다.

3단원 〈문장 성분〉

부속 성분 · 독립 성분

관형어 부사어 독립어

1 **1~2** 어떤/무엇의, 관형어

2 **1~2** 어떻게/얼마나/어디에서, 부사어

3 독립어

4 **1** '타오르다'에 ○, 부사어

   2 '옷'에 ○, 관형어

   3 '떴다'에 ○, 부사어

5 **1** 관형어 **2** 부사어 **3** 부사어 **4** 독립어

6 **1** 관형어 **2** 부사어 **3** 관형어 **4** 부사어

7 **1, 4**에 ○

8 **1** 관형어: ⓒ, 부사어: ⓔ

   2 'UN 총회에서'에 ○

   3 부사어: 평등하게
   예) 평등하게 대하자.
     (해설 참조)

해설

4 **2** '민재의'는 특정한 사물 '옷'을 꾸며 주며, 문장에서 '누구의'에 해당하므로 관형어입니다.

5 **1** '귀여운'은 특정한 사물 '신발'을 꾸며 주며, 문장에서 '어떤'에 해당하므로 관형어입니다.

   3 '집에서'는 서술어 '쉬고 있다'를 꾸며 주며, 문장에서 '어디에서'에 해당하므로 부사어입니다.

6 **1** '실화'는 실제로 있거나 있었던 일을 가리키는 말입니다. 따라서 특정한 대상을 가리키는 말이므로, '실화'를 꾸며 주는 '감동적인'은 관형어입니다.

   2 '잘'은 서술어 '마르지 않다'를 꾸며 주며, 문장에서 '어떻게'에 해당하므로 부사어입니다.

   4 '오래'는 서술어 '이야기했다'를 꾸며 주며, 문장에서 '어떻게'에 해당하므로 부사어입니다.

7 **1** '얘'는 부름에 해당하는 독립어입니다.

   4 '이런'은 느낌, 감탄 등에 해당하는 독립어입니다.

8 **1** ⓒ은 특정한 대상 '날'을 꾸며 주며, '무엇의'에 해당하므로 관형어입니다. ⓔ은 서술어 '퍼졌습니다'를 꾸며 주며, '어떻게'에 해당하므로 부사어입니다.

   2 다른 성분을 꾸며 주는 역할을 하는 것은 부속 성분으로, 관형어와 부사어가 부속 성분에 속합니다. 이 문장에서 'UN 총회에서'는 '어디에서'에 해당하며, 관형어 '선포된'을 꾸며 주고 있으므로 부사어입니다. 밑줄 친 부분은 순서대로 주어, 목적어, 서술어이며, 이들은 모두 주성분이므로 다른 성분을 꾸며 주지 않습니다.

   3 (가)에서 '평등하게'는 '어떻게'에 해당하며, 관형어 '보장받는'을 꾸며 주고 있으므로 이 문장의 부사어입니다. 부사어 자리에 '평등하게'를 넣은 다음, 앞선 '모든 사람을'에 자연스럽게 연결되는 서술어를 썼을 경우 정답으로 인정합니다.

정답

❶ 빈칸에 알맞은 **관형어**를 찾아 ○표 하고,
○한 말을 넣어 완전한 문장을 쓰세요.

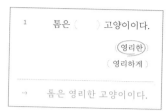

1　톰은 (　　) 고양이이다.
(영리한)
(영리하게)

→　톰은 영리한 고양이이다.

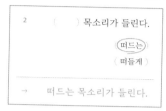

2　(　　) 목소리가 들린다.
(떠드는)
(떠들게)

→　떠드는 목소리가 들린다.

3　(　　) 동생이 울었다.
(현지는)
(현지의)

→　현지의 동생이 울었다.

❷ 빈칸에 알맞은 **부사어**를 찾아 ○표 하고,
○한 말을 넣어 완전한 문장을 쓰세요.

1　아이가 (　　) 걷는다.
(빠른)
(빠르게)

→　아이가 빠르게 걷는다.

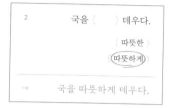

2　국을 (　　) 데우다.
(따뜻한)
(따뜻하게)

→　국을 따뜻하게 데우다.

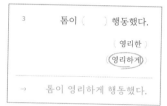

3　톰이 (　　) 행동했다.
(영리한)
(영리하게)

→　톰이 영리하게 행동했다.

❸ 밑줄 친 말을 꾸며 줄 수 있도록,
빈칸에 어울리는 **관형어**나 **부사어**를 넣어 문장을 바꾸어 쓰세요.

1　아버지가 **국**을 데우셨다.

→　아버지가 / 맛있는 / 국을 / 따뜻하게 / 데우셨다.

2　**떠드는** 목소리가 들렸다.

→　교실에서 / 떠드는 / 목소리가 / 들렸다.

3　**고양이**가 울었다.

→　검은 / 고양이가 / 슬프게 / 울었다.

(해설 참조)

❹ 빈칸에 알맞은 말을 떠올려 문장을 완성하세요.

1　네 , / 제가 / 그랬습니다.
독립어(응답)

2　동생이 / 크게 / 기뻐했다 .
부사어(얼마나/어떻게/어디에서)　　서술어(어찌하다)

3　아름다운 / 꽃이 / 피었다 .
관형어(어떤/누구의/무엇의)　　서술어(어찌하다)

(해설 참조)

해설

❶　1　특정한 대상 '고양이'를 꾸며 주며, '어떤'에 해당하는 '영리한'이 이 문장의 관형어입니다.

　　2　특정한 대상 '목소리'를 꾸며 주며, '어떤'에 해당하는 '떠드는'이 이 문장의 관형어입니다.

　　3　특정한 대상 '동생'을 꾸며 주며, '누구의'에 해당하는 '현지의'가 이 문장의 관형어입니다.

❷　1　서술어 '걷는다'를 꾸며 주며, '어떻게'에 해당하는 '빠르게'가 이 문장의 부사어입니다.

　　2　서술어 '데우다'를 꾸며 주며, '어떻게'에 해당하는 '따뜻하게'가 이 문장의 부사어입니다.

　　3　서술어 '행동했다'를 꾸며 주며, '어떻게'에 해당하는 '영리하게'가 이 문장의 부사어입니다.

❸　1　'어떤/누구의/무엇의'에 해당하면서 특정한 대상 '국'을 꾸며 줄 수 있는 관형어를 쓴 다음, '어떻게/얼마나/어디에서'에 해당하면서 서술어 '데우셨다'를 꾸며 줄 수 있는 부사어를 썼을 경우 정답으로 인정합니다.

　　2　'어떻게/얼마나/어디에서'에 해당하면서, 관형어 '떠드는'을 꾸며 줄 수 있는 부사어를 썼을 경우 정답으로 인정합니다.

　　3　'어떤/누구의/무엇의'에 해당하면서 특정한 대상 '고양이'를 꾸며 줄 수 있는 관형어를 쓴 다음, '어떻게/얼마나/어디에서'에 해당하면서 서술어 '울었다'를 꾸며 줄 수 있는 부사어를 썼을 경우 정답으로 인정합니다.

❹　1　문장에서 독립적으로 존재하며, 응답에 해당하는 독립어를 썼을 경우 정답으로 인정합니다.

　　2　'어찌하다'에 해당하면서 주어 '동생이'의 동작을 나타내는 서술어를 떠올려 쓰고, '얼마나/어떻게/어디에서'에 해당하면서 이 서술어를 꾸며 줄 수 있는 부사어를 썼을 경우 정답으로 인정합니다.

　　3　'어떤/누구의/무엇의'에 해당하면서 특정한 대상 '꽃'을 꾸며 줄 수 있는 관형어를 떠올려 쓴 다음, '어찌하다'에 해당하면서 주어 '꽃이'에 자연스럽게 연결되는 서술어를 썼을 경우 정답으로 인정합니다.

4단원 〈품사〉

명사
대명사
수사

1   **1-2** 이름을 나타내는, 명사

     3-4 이름을 대신 나타내는, 대명사

2   수사

3   **1** 대명사   **2** 명사   **3** 대명사   **4** 명사

4   **1** 하나, 수사   **2** 저곳, 대명사   **3** 동생, 명사

5   **1** 대명사   **2** 수사   **3** 수사   **4** 명사

6   **1** 저쪽-△, 영화관-○

     2 우리-△, 태권도-○

     3 저분-△, 선생님-○

     4 여기-△, 백화점-○

7   **1** 명사: 파리, 대명사: 이곳

     2 품사: 대명사

      가리키는 것: 에펠 탑 안에 있는 레스토랑

     3 예) 그곳이 파리에서 에펠 탑이 보이지 않는 유일한

      장소였기 때문이다.

3   **1**   '저곳'은 어떤 장소의 이름을 대신 나타낸 말이므로
대명사입니다.

    3   '이것'은 어떤 사물의 이름을 대신 나타낸 말이므로
대명사입니다.

4   **2**   어떤 장소인지를 묻고 있는 문장입니다. <보기>에
서 장소를 나타내는 말은 '저곳'이며, '저곳'은 장소
의 이름을 대신 나타내는 말이므로 대명사입니다.

5   **4**   '복숭아'는 특정한 과일의 이름을 나타낸 말이므로
명사입니다.

6   **1**   '저쪽'은 어떤 장소의 이름을 대신 나타낸 말이므로
대명사입니다.

    2   '우리'는 여러 사람의 이름을 대신 나타낸 말이므로
대명사입니다.

    3   '선생님'은 특정한 직업의 이름을 나타낸 말이므로
명사입니다.

    4   '여기'는 어떤 장소의 이름을 대신 나타낸 말이므로
대명사입니다.

7   **1**   ㉠에서 장소를 나타내는 말은 '파리'와 '이곳'입니
다. '파리'는 특정한 도시의 이름을 나타낸 말이므로
명사이며, '이곳'은 '에펠 탑'을 대신 나타낸 말이므
로 대명사입니다.

    2   '그곳'은 문맥상 '에펠 탑 안에 있는 레스토랑'을 가
리키는 말입니다. '그곳'이 이 말을 대신 나타내고
있으므로 '그곳'의 품사는 대명사입니다.

    3   대명사를 사용해 쓰라고 했으므로, '그곳'과 같은
대명사를 하나 이상 사용하여 그 레스토랑이 파리
에서 에펠 탑이 보이지 않는 유일한 장소라는 내용
을 썼을 경우 정답으로 인정합니다.

정답

❶ 빈칸에 알맞은 **명사**를 찾아 ○표 하고,
○한 말을 넣어 완전한 문장을 쓰세요.

1　이곳은 (　　)이다.
（ 여기 ）
（⊙서울）
→　이곳은 서울이다.

2　저것은 (　　)이다.
〔 그것 〕
（⊙사탕）
→　저것은 사탕이다.

3　저분이 (　　)이시다.
(그분)
（⊙삼촌）
→　저분이 삼촌이시다.

❷ 빈칸에 알맞은 **대명사**를 찾아 ○표 하고,
○한 말을 넣어 완전한 문장을 쓰세요.

1　(　　)는 부산이다.
（⊙여기）
（ 도시 ）
→　여기는 부산이다.

2　(　　)은 내 것이다.
（⊙이것）
（ 책상 ）
→　이것은 내 것이다.

3　(　　)께 인사해라.
（⊙이분）
（ 할머니 ）
→　이분께 인사해라.

❸ 밑줄 친 **대명사**가 대신할 수 있는 **명사**로
문장을 바꾸어 쓰세요.

1　**그분**께서 오늘의 **이것**을 만드셨다.
→　｜선생님｜께서 오늘의 ｜케이크｜를 만드셨다.

2　**우리**는 모두 함께 도서관에 갔다.
→　｜학생｜들은 모두 함께 도서관에 갔다.

3　이모네 **이곳**은 **그것**으로 유명하다.
→　이모네 ｜가게｜은/는 ｜삼계탕｜(으)로 유명하다.

（해설 참조）

❹ 빈칸에 알맞은 말을 떠올려 문장을 완성하세요.

1　｜강아지｜이/가 많다.
　명사

2　｜여기｜이/가 ｜학교｜이다.
　대명사　　　　명사

3　｜과자｜이/가 ｜하나｜있다.
　명사　　　　수사

（해설 참조）

해설

❶ 1 '서울'은 특정한 장소의 이름을 나타내는 말이므로
명사입니다.

2 '사탕'은 특정한 사물의 이름을 나타내는 말이므로
명사입니다.

3 '삼촌'은 특정한 촌수의 사람을 나타내는 말이므로
명사입니다.

❷ 1 '여기'는 특정한 장소의 이름을 대신 나타내는 말이
므로 대명사입니다.

2 '이것'은 특정한 사물의 이름을 대신 나타내는 말이
므로 대명사입니다.

3 '이분'은 특정한 사람의 이름을 대신 나타내는 말이
므로 대명사입니다.

❸ 1 '그분'은 사람을 나타내는 대명사이며, '이것'은 사
물을 나타내는 대명사입니다. 사람과 사물을 뜻하
면서 내용에 자연스럽게 연결되는 명사를 각각 떠
올려 썼을 경우 정답으로 인정합니다.

2 '우리'는 사람을 나타내는 대명사입니다. 따라서 사
람을 나타내면서 내용에 자연스럽게 연결되는 명사
를 떠올려 썼을 경우 정답으로 인정합니다.

3 '이곳'은 장소를 나타내는 대명사이며, '그것'은 사
물을 나타내는 대명사입니다. 따라서 장소와 사물
을 뜻하면서 내용에 자연스럽게 연결되는 명사를
각각 떠올려 썼을 경우 정답으로 인정합니다.

❹ 1 사람, 사물, 장소 등 특정한 대상의 이름을 나타내
며, 이어진 말에 자연스럽게 연결되는 말을 썼을 경
우 정답으로 인정합니다.

2 사람, 사물, 장소 등 특정한 대상의 이름을 대신 나
타내는 말과, 특정한 대상의 이름을 나타내는 말을
이어진 말에 자연스럽게 연결되도록 썼을 경우 정
답으로 인정합니다.

3 사람, 사물, 장소 등 특정한 대상의 이름을 나타내는
말과, 수나 양, 순서를 나타내는 말을 이어진 말에
자연스럽게 연결되도록 썼을 경우 정답으로 인정합
니다.

4단원 〈품사〉

동사
형용사

1 **1~4** 행동, 동사

2 **1~4** 상태나 성질, 형용사

3 **1** 동사 **2** 형용사 **3** 동사 **4** 형용사

4 **1** 뚜렷하다, 형 **2** 은은하다, 형 **3** 겨루다, 동

5 **1** 동사 **2** 형용사 **3** 동사 **4** 형용사

6 **1** 반들반들하고-△, 세련되어-△ 팔렸다-○

　2 달면-△, 뱉는다-○, 배웠다-○

　3 끓였다-○, 담백하고-△, 맛있었다-△

　4 부지런하고-△, 성실하며-△, 도와준다-○

7 **1** 나온다

　2 품사: 형용사
　　바르게 사용하지 못한 친구: 서준

　3 '중요하다'에 ✓
　　예) 국민 주권은 민주주의의 중요한 원리이다.
　　　(해설 참조)

해설

3 **3** '헤매다'는 '갈 바를 몰라 이리저리 돌아다니다'라는 뜻입니다. 행동을 나타낸 말이므로 동사입니다.

　4 '섬세하다'는 '곱고 가늘다'는 뜻이며, '의젓하다'는 '말이나 행동이 점잖고 무게가 있다'는 뜻입니다. 두 단어 모두 상태나 성질을 표현한 말이므로 형용사입니다.

4 **1** '뚜렷한데'는 '뚜렷하다'를 활용한 서술어로, '흐리지 않고 아주 분명하다'라는 뜻입니다. 상태나 성질을 표현한 말이므로 형용사입니다.

　3 '겨루었다'는 '겨루다'를 과거형으로 표현한 것으로, '서로 버티어 승부를 다투다'라는 뜻의 행동을 나타낸 말입니다. 따라서 '겨루다'는 동사입니다.

5 **2** '따분하다'는 '재미가 없어 지루하고 답답하다'라는 뜻으로 기분을 표현하는 말입니다. 이처럼 기분을 표현하는 말은 상태나 성질을 나타내는 것이므로 형용사입니다.

6 **1** '팔리다'는 '값을 받고 물건 등이 남에게 넘겨지는 행위'를 나타낸 말입니다. 따라서 행동에 해당하므로 '팔리다'는 동사입니다.

7 **1** '나오다'는 '안에서 밖으로 오다'를 뜻하는 말입니다. 사람이나 사물 등의 행동을 나타낸 말이므로 동사입니다.

　2 '많다'는 상태나 성질을 나타낸 말이므로 형용사입니다. 형용사의 형태가 달라지는 범위는 동사보다 제한적으로, 형용사는 '-자'의 형태로는 쓰일 수 없습니다.

　3 주어진 단어 중 상태나 성질을 나타내는 말은 '중요하다'이며, 나머지는 모두 행동이나 작용을 나타낸 말입니다. 따라서 '중요하다'를 활용해 지문 내용과 관련된 문장을 써야 합니다. 지문 속에서 '중요하다'라는 표현을 사용했거나 사용할 수 있는 내용을 찾아, 이를 참고하여 완결된 문장을 만들어 썼을 경우 정답으로 인정합니다.

정답

❶ 빈칸에 알맞은 **동사**를 찾아 ○표 하고, ○한 말을 넣어 완전한 문장을 쓰세요.

1 잠자리가 ( ).
（날다）
（예쁘다）
→ 잠자리가 날다.

2 소녀가 ( ).
（웃다）
（기쁘다）
→ 소녀가 웃다.

3 예지가 의자에 ( ).
（앉다）
（얇다）
→ 예지가 의자에 앉다.

❷ 빈칸에 알맞은 **형용사**를 찾아 ○표 하고, ○한 말을 넣어 완전한 문장을 쓰세요.

1 나비가 ( ).
（날다）
（예쁘다）
→ 나비가 예쁘다.

2 소년은 ( ).
（웃다）
（기쁘다）
→ 소년은 기쁘다.

3 승우의 겉옷이 ( ).
（앉다）
（얇다）
→ 승우의 겉옷이 얇다.

❸ 밑줄 친 말의 자리에 쓸 수 있는 **동사**나 **형용사**를 넣어 문장을 바꾸어 쓰세요.
(동사는 동사, 형용사는 형용사로 바꾸세요.)

1 **네모난** 상자가 무척 **크다**.
→ 파란 / 상자가 무척 / 가볍다.

2 **하얀** 토끼가 **뛰어가다**.
→ 귀여운 / 토끼가 / 숨다.

3 그 소녀는 **쾌활하고** 잘 **웃는다**.
→ 그 소녀는 / 명랑하고 / 잘 / 뛴다.

[해설 참조]

❹ 빈칸에 알맞은 말을 떠올려 문장을 완성하세요.

1 예지의 의자가 크다 .
형용사

2 세윤이는 자주 운동한다 . 또 튼튼하다 .
동사 형용사

3 나무가 / 자라다 .
주어(누가/무엇이) 동사

[해설 참조]

해설

❶ 1 '날다'는 행동을 나타내는 말이므로 동사입니다.

2 '웃다'는 행동을 나타내는 말이므로 동사입니다.

3 '앉다'는 행동을 나타내는 말이므로 동사입니다.

❷ 1 '예쁘다'는 상태나 성질을 나타내는 말이므로 형용사입니다.

2 '기쁘다'는 상태나 성질을 나타내는 말이므로 형용사입니다.

3 '얇다'는 상태나 성질을 나타내는 말이므로 형용사입니다.

❸ 1 '네모나다'와 '크다'는 모두 상태나 성질을 나타내는 말이므로 형용사입니다. 따라서, 상태나 성질을 나타내면서 이어진 '상자가 무척'에 자연스럽게 연결되는 형용사를 각각 이어서 썼을 경우 정답으로 인정합니다.

2 '하얗다'는 상태나 성질을 나타내는 말이므로 형용사이며, '뛰어가다'는 행동을 나타내는 말이므로 동사입니다. 따라서, 상태나 성질을 나타내면서 이어진 '토끼가'에 자연스럽게 연결되는 형용사를 쓴 다음, 행동이나 작용을 나타내면서 전체 내용에 자연스럽게 연결되는 동사를 썼을 경우 정답으로 인정합니다.

3 '쾌활하다'는 상태나 성질을 나타내는 말이므로 형용사이며, '웃다'는 행동을 나타내는 말이므로 동사입니다. 따라서, 상태나 성질을 나타내면서 '그 소녀는'에 자연스럽게 연결되는 형용사를 쓴 다음, 행동이나 작용을 나타내면서 '잘'에 자연스럽게 연결되는 동사를 썼을 경우 정답으로 인정합니다.

❹ 1 상태나 성질을 나타내면서 '예지의 의자가'에 자연스럽게 연결되는 형용사를 썼을 경우 정답으로 인정합니다.

2 행동이나 작용을 나타내면서 '세윤이는 자주'에 자연스럽게 연결되는 동사를 쓴 다음, 상태나 성질을 나타내면서 앞선 문장의 내용과 '또'에 자연스럽게 연결되는 형용사를 썼을 경우 정답으로 인정합니다.

3 '누가/무엇이'에 해당하는 주어를 떠올려 쓴 다음, 행동이나 작용을 나타내면서 주어에 자연스럽게 연결되는 동사를 썼을 경우 정답으로 인정합니다.

4단원 〈품사〉

관형사
부사

해설

3 1 '명'은 사람의 숫자를 세는 단위의 이름이므로 명사입니다. '세'는 명사를 꾸며 주고 있으므로 관형사입니다.

2 '좋다'는 '보통 이상의 수준이어서 만족할 만하다'는 뜻이므로 상태나 성질을 나타내는 형용사입니다. '제일'은 형용사를 꾸며 주고 있으므로 부사입니다.

4 1 '아무'는 명사 '말'을 꾸며 주고 있으므로 관형사입니다.

3 '결코'는 '우연이 아니다'라는 문장 전체를 꾸며 주고 있으므로 부사입니다.

5 1 '가득'은 동사 '채우다'를 꾸며 주고 있으므로 부사입니다.

2 '그런'은 명사 '행동'을 꾸며 주고 있으므로 관형사입니다.

4 '무슨'은 명사 '일'을 꾸며 주고 있으므로 관형사입니다.

정답

1 **1~3** 명사/대명사/수사, 관형사

2 **1~3** 동사/형용사/다른 부사/전체 문장, 부사

3 **1** '명'에 ○, 관형사

2 '좋다'에 ○, 부사

3 '뜨겁다'에 ○, 부사

4 **1** 관형사 **2** 관형사 **3** 부사 **4** 부사

5 **1** 부사 **2** 관형사 **3** 부사 **4** 관형사

6 **1** 잔뜩-△, 새-○

2 아무런-○, 펑펑-△

3 과연-△, 이-○

4 한-○, 못-△

7 **1** 관형사: ㉠, ㉡ 부사: ㉢, ㉣

2 작은

3 예) 맞아, 그래도 무게가 바뀌지 않는다니 그것도 정말 신기하다! (해설 참조)

6 1 '잔뜩'은 동사 '내리다'를 꾸며 주고 있으므로 부사입니다.

2 '펑펑'은 동사 '흘리다'를 꾸며 주고 있으므로 부사입니다.

3 '과연'은 이어진 문장 전체를 꾸며 주고 있으므로 부사입니다.

4 '한'은 개수를 세는 단위 명사 '개'를 꾸며 주고 있으므로 관형사입니다.

7 1 ㉠은 명사 '차이'를, ㉡은 명사 '숟가락'을 꾸며 주고 있으므로 관형사입니다. ㉢, ㉣은 동사 '녹다'를 꾸며 주고 있으므로 부사입니다.

2 '매우'는 '보통보다 훨씬 더'라는 뜻으로, 문맥상 뒷말인 '작은'을 꾸며 주고 있는 부사입니다.

3 수현이가 '설탕에 눈에 보이지 않을 만큼 작아지는 것이 신기하지 않은지'를 묻고 있으므로, 이 내용에 자연스럽게 이어지는 답변을 부사를 하나 이상 포함하여 만들었을 경우 정답으로 인정합니다.

정답

❶ 빈칸에 알맞은 **관형사**를 찾아 ○표 하고,
○한 말을 넣어 완전한 문장을 쓰세요.

1 (　　　) 색깔을 좋아해?
　(어떤)
　(어떻게)
→　어떤 색깔을 좋아해?

2 (　　) 일이 있었다니.
　(그런)
　(그렇게)
→　그런 일이 있었다니.

3 (　　) 동물이 모였다.
　(여러)
　(제일)
→　여러 동물이 모였다.

❷ 빈칸에 알맞은 **부사**를 찾아 ○표 하고,
○한 말을 넣어 완전한 문장을 쓰세요.

1 물이 (　　) 차 있다.
　(가득)
　(가득한)
→　물이 가득 차 있다.

2 가방이 (　　) 무겁다.
　(너무)
　(너무한)
→　가방이 너무 무겁다.

3 피자가 (　　) 맛있다.
　(여러)
　(제일)
→　피자가 제일 맛있다.

❸ 밑줄 친 말을 꾸며 줄 수 있도록,
빈칸에 어울리는 **관형사**나 **부사**를 넣어 문장을 완성하세요.

1 **가방**이 **무겁다.**
→ [새] / 가방이 / [너무] / 무겁다.

2 귀여운 동물들이 **모였다.**
→ 귀여운 / 동물들이 / [모두] / 모였다.

3 **피자**는 **맛있다.**
→ [이] / 피자는 / [아주] / 맛있다.
(해설 참조)

❹ 빈칸에 알맞은 말을 떠올려 문장을 완성하세요.

1 내 / 침대는 / [가장] / 넓다.
　　　　　　　 부사

2 강아지 / [한] / 마리가 / [매우] / 귀엽다.
　　　　 관형사　　　　 부사

3 [모든] / 친구가 / [소중하다].
　 관형사　　　　 동사 혹은 형용사
(해설 참조)

해설

❶ 1 '어떤'은 명사 '색깔'을 꾸며 주는 말이므로 관형사입니다.

2 '그런'은 명사 '일'을 꾸며 주는 말이므로 관형사입니다.

3 '여러'는 명사 '동물'을 꾸며 주는 말이므로 관형사입니다.

❷ 1 '가득'은 동사 '차다'를 꾸며 주는 말이므로 부사입니다.

2 '너무'는 형용사 '무겁다'를 꾸며 주는 말이므로 부사입니다.

3 '제일'은 형용사 '맛있다'를 꾸며 주는 말이므로 부사입니다.

❸ 1 명사 '가방'을 꾸며 줄 수 있는 관형사를 떠올려 쓴 다음, 형용사 '무겁다'를 꾸며 줄 수 있는 부사를 떠올려 씁니다.

2 동사 '모였다'를 꾸며 주며 내용에 자연스럽게 연결되는 부사를 떠올려 씁니다.

3 명사 '피자'를 꾸며 줄 수 있는 관형사를 떠올려 쓴 다음, 형용사 '맛있다'를 꾸며 줄 수 있는 부사를 떠올려 씁니다.

❹ 1 형용사 '넓다'를 꾸며 주며 내용에 자연스럽게 연결되는 부사를 떠올려 씁니다.

2 단위를 나타내는 명사 '마리'를 꾸며 줄 수 있는 관형사를 떠올려 쓴 다음, 형용사 '귀엽다'를 꾸며 줄 수 있는 부사를 떠올려 씁니다.

3 명사 '친구'를 꾸며 줄 수 있는 관형사를 떠올려 쓴 다음, 내용에 자연스럽게 연결되는 동사나 형용사를 떠올려 씁니다.

※ 관형사와 부사는 기본형 '-다'의 형태로 나타낼 수 없으며, '모든', '모두' 등과 같이 오로지 단독으로만 존재합니다. 따라서 답을 쓸 때 동사 혹은 형용사와 헷갈리지 않도록 주의해야 합니다.

4단원 〈품사〉

조사
감탄사

정답

1 **1~3** 문법적 관계/특별한 뜻, 조사

2 **1~3** 놀람/부름/대답, 감탄사

3 **1** 조사 **2** 감탄사 **3** 조사 **4** 감탄사

4 **1** 로 **2** 도 **3** 와

5 **1, 4**에 ○

6 **1** 는, 에서 **2** 이, 를 **3** 와, 가 **4** 께서, 를

7 **1** 는, 을

　2 그

　3 예) 우아, 유관순 열사에게 감사하는 마음을 가져야
　　겠어! (해설 참조)

해설

3　**1** '도'는 '마찬가지로'라는 뜻을 더해 주는 조사입니다.

　3 '께서'는 '이/가'의 높임말로, 주체인 '할머니'에 붙어 이 말이 주어임을 나타내는 역할을 합니다. 따라서 문법적 관계를 나타내는 조사에 해당합니다.

4　**2** 앞에서 '감을 먹고'라고 했으므로, 감과 포도를 둘 다 먹었다는 의미의 문장입니다. 따라서 '마찬가지로'의 뜻을 가진 조사 '도'를 빈칸에 쓰는 것이 적절합니다.

　3 민호, 윤호 둘이 형제라는 뜻이므로, 둘을 같은 자격으로 이어 주는 역할을 하는 조사 '와'를 쓰는 것이 적절합니다.

5　**1** '어머나'는 느낌이나 놀람을 나타내는 감탄사입니다.

　4 '저기'는 부름을 나타내는 감탄사입니다.

6　**1** '에서'는 '서점' 뒤에 붙어 이 말이 부사임을 나타내는 역할을 합니다. 따라서 문법적 관계를 나타내는 조사에 해당합니다.

　2 '를'은 '채소' 뒤에 붙어 이 말이 목적어임을 나타내는 역할을 합니다. 따라서 문법적 관계를 나타내는 조사에 해당합니다.

7　**2** '그'는 유관순 열사를 대신 나타내는 말이므로 대명사입니다.

　3 윗글을 읽고 느낀 점을 쓰라고 했으므로, 지문의 내용과 관련해 자신이 느낀 점을 감탄사를 하나 이상 포함하여 완결된 문장으로 썼을 경우 정답으로 인정합니다.

정답

❶ 빈칸에 알맞은 **조사**를 찾아 ○표 하고,
○한 말을 넣어 완전한 문장을 쓰세요.

1 무지개( ) 떴다.

（이/가）
（을/를）

→ 무지개가 떴다.

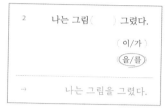

2 나는 그림( ) 그렸다.

（이/가）
（을/를）

→ 나는 그림을 그렸다.

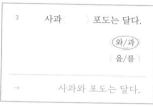

3 사과( ) 포도는 달다.

（와/과）
（을/를）

→ 사과와 포도는 달다.

❷ 빈칸에 알맞은 **감탄사**를 찾아 ○표 하고,
○한 말을 넣어 완전한 문장을 쓰세요.

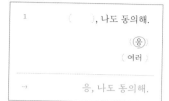

1 （ ）, 나도 동의해.

（응）
（여러）

→ 응, 나도 동의해.

2 （ ）, 첫눈이다!

（가장）
（우아）

→ 우아, 첫눈이다!

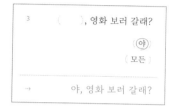

3 （ ）, 영화 보러 갈래?

（야）
（모든）

→ 야, 영화 보러 갈래?

❸ 빈칸에 어울리는 **조사**나 **감탄사**를 넣어
문장을 완성하세요.

1 언니 멋진 그림 그렸다.

→ 언니 | 가(는) | / 멋진 / 그림 | 을 | 그렸다.

2 사과 달고 포도 달다.

→ 사과 | 가(는/도) | / 달고 / 포도 | 도 | 달다.

3 깜짝 놀랐잖아!

→ | 어머 | , / 깜짝 / 놀랐잖아!

（해설 참조）

❹ 빈칸에 알맞은 말을 떠올려 문장을 완성하세요.

1 | 이야 | , / 무지개가 / 떴구나!
감탄사

2 우리는 / 극장 | 에서 | / 영화 | 를 | / 보았다.
                조사   조사

3 | 햇볕 | | 이 | / | 뜨겁다 | .
   명사   조사   형용사

（해설 참조）

해설

❶ 1 주어가 들어가는 자리이므로 문법적 관계를 나타내는 조사 '이/가'를 씁니다.

2 목적어가 들어가는 자리이므로 문법적 관계를 나타내는 조사 '을/를'을 씁니다.

3 '사과'와 '포도'가 대등하게 이어지는 자리이므로 조사 '와/과'를 씁니다.

❷ 1 내용상 응답이 들어가는 자리이므로 감탄사 '응'을 씁니다.

2 내용상 놀람이나 감탄이 들어가는 자리이므로 감탄사 '우아'를 씁니다.

3 내용상 부름이 들어가는 자리이므로 감탄사 '야'를 씁니다.

❸ 1 문장의 주체가 '언니'임을 나타내는 조사 '가'를 쓰거나, '언니'가 문장의 화제임을 나타내는 조사 '는'을 쓴 다음, 목적어 자리에 조사 '을'을 씁니다.

2 '사과'와 '포도'가 모두 달다는 의미의 문장입니다. 따라서 '사과' 뒤에 조사 '가' 혹은 '는'을 쓰거나, '마찬가지로'의 뜻을 더해 주는 조사 '도'를 씁니다. 앞서 '포도' 뒤에는 '마찬가지로'의 뜻을 더해 주는 조사 '도'를 씁니다.

3 내용상 놀람이나 감탄이 들어가는 자리이므로, 이에 해당하는 감탄사를 떠올려 씁니다.

❹ 1 내용상 놀람이나 감탄이 들어가는 자리이므로, 이에 해당하는 감탄사를 떠올려 씁니다.

2 '극장'이 행동이 이루어지고 있는 장소임을 나타낼 수 있도록 조사 '에서'를 쓴 다음, 목적어 자리에 조사 '를'을 씁니다.

3 특정한 대상의 이름을 나타내는 명사를 떠올려 쓴 다음, 이 명사에 자연스럽게 연결되도록 알맞은 조사와 형용사를 썼을 경우 정답으로 인정합니다.

5단원 〈올바른 우리말 쓰기〉

무분별한 외국어 표현과 줄임 말

1 **1~3** 있는

2 **1~3** 줄임 말

3 **1** 사실 **2** 파랑 **3** 행복 **4** 선수

4 **1~3** 두 번째 문장에 ○

5 **1** ○ **2** X **3** ○ **4** X

6 **1** '펫'에 ○, 반려동물

   2 '생선'에 ○, 생일 선물

   3 '스트로베리'에 ○, 딸기

7 **1** ㉡

   2 서희

   3 예) 까르보나라 파스타의 요리법을
       (해설 참조)

해설

3 정답을 제외한 나머지 보기는 모두 외국어입니다.

5 **1** 우리말로 바꾸어 쓸 수 있는 외국어인 '셰프(요리사, 또는 주방장)'가 사용되었습니다.

   3 우리말로 바꾸어 쓸 수 있는 외국어인 '스니커즈(운동화)'가 사용되었습니다.

6 **1** 우리말로 바꾸어 쓸 수 있는 외국어인 '펫(반려동물)'이 사용되었으므로 무분별한 외국어 표현이 쓰인 예입니다.

   2 줄임 말 '생선(생일 선물)'이 사용되었습니다.

   3 우리말로 바꾸어 쓸 수 있는 외국어인 '스트로베리(딸기)'가 사용되었으므로 무분별한 외국어 표현이 쓰인 예입니다.

7 **1** ㉡의 뜻풀이를 보면, '오일'은 우리말로 '기름'을 뜻한다는 것을 알 수 있습니다. 따라서 '오일'은 우리말로 바꾸어 쓸 수 있는 말입니다. 반면 ㉠은 뜻풀이상 대체할 수 있는 우리말 단어가 존재하지 않습니다.

   2 지문에서 '먹방'을 '찍어 봐야지'라고 했으므로, 의미상 '먹방'은 '먹는 방법'이 아니라 '먹는 방송'의 줄임 말이라는 것을 알 수 있습니다.

   3 '레시피(recipe)'는 음식 만드는 방법을 뜻하는 외국어입니다. '레시피'의 뜻을 모르더라도 지문의 내용을 읽어 보면 이 글에서 알려 주고 있는 것이 까르보나라 파스타를 요리하는 방법이라는 것을 알 수 있습니다. 따라서 이에 해당하는 내용으로 문장을 바르게 완성했을 경우 정답으로 인정합니다.

정답

❶ 무분별한 **외국어 표현**이 **아닌** 것을 찾아 ○표 하고, ○한 말을 넣어 우리말이 바르게 사용된 문장을 쓰세요.

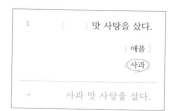

1 (　　) 맛 사탕을 샀다.
（ 애플 ）
（ 사과 ）

→　사과 맛 사탕을 샀다.

2 (　)색 모자가 예쁘다.
（ 그린 ）
（ 초록 ）

→　초록색 모자가 예쁘다.

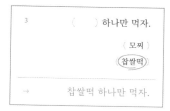

3 (　) 하나만 먹자.
（ 모찌 ）
（ 찹쌀떡 ）

→　찹쌀떡 하나만 먹자.

❷ **줄임 말을 풀어 쓴** 것을 찾아 ○표 하고, ○한 말을 넣어 우리말이 바르게 사용된 문장을 쓰세요.

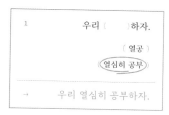

1 우리 (　)하자.
（ 열공 ）
（ 열심히 공부 ）

→　우리 열심히 공부하자.

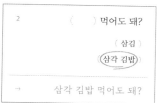

2 (　) 먹어도 돼?
（ 삼김 ）
（ 삼각 김밥 ）

→　삼각 김밥 먹어도 돼?

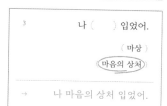

3 나 (　) 입었어.
（ 마상 ）
（ 마음의 상처 ）

→　나 마음의 상처 입었어.

❸ 밑줄 친 **무분별한 외국어 표현**이나 **줄임 말**을 바르게 고쳐 쓰세요.

1 나는 지금 무척 **해피해**.

→ 나는 지금 무척　행복해.

2 경주의 숙소 정보를 **서치해** 보았어.

→ 경주의 숙소 정보를　검색해　보았어.

3 **문상** 2만 원이 1등 상품이야.

→ 문화 상품권　2만 원이 1등 상품이야.

（해설 참조）

❹ 빈칸에 알맞은 말을 떠올려 문장을 완성하세요.

1 유나는　꽃　무늬가 있는 치마를 샀다.
‘플라워(flower)’의 우리말

2 학교 앞　버스 정류장　에서 만나자.
줄임 말 ‘버정’의 뜻

3　반려동물　용품이 너무 비싸서　깜짝 놀랐다　.
‘펫(pet)’의 우리말　　　　　　　　　　줄임 말 ‘깜놀’의 뜻

（해설 참조）

해설

❶ 1 ‘애플(apple)’은 ‘사과’를 뜻하는 외국어이므로 우리말인 ‘사과’로 고쳐 쓰는 것이 적절합니다.

2 ‘그린(green)’은 ‘초록’을 뜻하는 외국어이므로 우리말인 ‘초록’으로 고쳐 쓰는 것이 적절합니다.

3 ‘모찌[餠]’는 ‘찹쌀떡’을 뜻하는 외국어이므로 우리말인 ‘찹쌀떡’으로 고쳐 쓰는 것이 적절합니다.

❷ 1 ‘열공’은 ‘열심히 공부하다’의 줄임 말이므로 ‘열심히 공부’로 풀어 쓰는 것이 적절합니다.

2 ‘삼김’은 ‘삼각 김밥’의 줄임 말이므로 ‘삼각 김밥’으로 풀어 쓰는 것이 적절합니다.

3 ‘마상’은 ‘마음의 상처’의 줄임 말이므로 ‘마음의 상처’로 풀어 쓰는 것이 적절합니다.

❸ 1 ‘해피(happy)’는 ‘행복하다’를 뜻하는 외국어이므로 우리말인 ‘행복’을 활용해 고쳐 쓰는 것이 적절합니다.

2 ‘서치(search)’는 ‘검색’ 또는 ‘검색하다’를 뜻하는 외국어이므로 우리말인 ‘검색’을 활용해 고쳐 쓰는 것이 적절합니다.

3 ‘문상’은 ‘문화 상품권’의 줄임 말이므로 ‘문화 상품권’으로 풀어 쓰는 것이 적절합니다.

❹ 1 ‘플라워(flower)’는 ‘꽃’을 뜻하는 외국어이므로 우리말인 ‘꽃’으로 고쳐 쓰는 것이 적절합니다.

2 ‘버정’은 ‘버스 정류장’의 줄임 말이므로 ‘버스 정류장’으로 풀어 쓰는 것이 적절합니다.

3 ‘펫(pet)’은 ‘반려동물’을 뜻하는 외국어이므로 우리말인 ‘반려동물’로 고쳐 쓰며, ‘깜놀’은 ‘깜짝 놀라다’의 줄임말이므로 ‘깜짝 놀라다’, ‘깜짝 놀랐어’ 등으로 풀어 쓰는 것이 적절합니다.

5단원 〈올바른 우리말 쓰기〉

지나친 높임 표현과 비속어

1　**1** 사물, 나왔습니다　**2** 사물, 만 원입니다

　3 사물, 할인된

2　**1~3** 비속어

3　**1** ㉠　**2** ㉠　**3** ㉡

4　**1** 첫 번째 문장에 ○

　2 첫 번째 문장에 ○

　3 두 번째 문장에 ○

5　**3, 4**에 ○

6　**1** '감동적이시다'에 ○, 감동적이다

　2 '맛있으셔서'에 ○, 맛있어서

　3 '팔만 원이십니다'에 ○, 팔만 원입니다

7　**1** 매진되셨습니다 → 매진되었습니다

　2 세영

　3 예) 포장되었습니다 (해설 참조)

해설

3　**1** '컴퓨터'는 사물이므로 높임 표현을 사용할 수 없습니다.

　2 '옷'은 사물이므로 높임 표현을 사용할 수 없습니다.

　3 '고모'는 윗사람을 가리키는 표현이므로 높임 표현을 쓰는 것이 적절합니다.

4　**1** '모가지'는 '목'의 비속어입니다.

　2 '겁대가리'는 '겁'의 비속어입니다.

　3 '꺼지다'는 '눈앞에서 안 보이게 없어지다'라는 의미의 비속어입니다.

5　**1** '입'의 비속어 '주둥이'가 사용되었습니다.

　2 '운동화의 재고'는 사물이므로 높임 표현을 사용하지 않는 것이 적절합니다.

　3 '선생님'은 윗사람을 가리키는 표현이므로 높임 표현을 쓰는 것이 적절합니다.

　4 '모자'는 사물이므로 높임 표현을 쓰지 않는 것이 적절합니다.

6　'소설', '수프', '옷과 신발들'은 모두 사물이므로 높임 표현을 쓸 수 없습니다.

7　**1** '매진되셨습니다'는 사물인 '제품'에 높임말을 쓴 것이므로 틀린 표현입니다. 높임말을 쓰지 않고 '매진되었습니다'로 고쳐 쓰는 것이 적절합니다.

　2 ㉡의 '멋대가리'는 '멋'의 비속어입니다. '멋'으로 고쳐 쓰는 것이 적절합니다.

　3 지문의 마지막에 수아가 점원에게 선물을 포장해 달라고 했으므로, 지문과 내용이 자연스럽게 이어지려면 선물 포장과 관련된 내용이 들어가야 합니다. 문장의 주어인 '선물'은 사물이므로, 높임 표현을 사용하지 않고 이 내용에 해당하는 말을 써서 주어진 문장을 완성하면 정답으로 인정합니다.

정답

❶ **지나친 높임 표현**이 **아닌 것**을 찾아 ○표 하고, ○한 말을 넣어 우리말이 바르게 사용된 문장을 쓰세요.

1 〔 〕 제품입니다.

(품절된)

품절되신

→ 품절된 제품입니다.

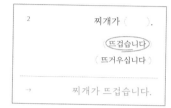

2 찌개가 〔 〕.

(뜨겁습니다)

뜨거우십니다

→ 찌개가 뜨겁습니다.

3 〔 〕 작품입니다.

(감동적인)

감동적이신

→ 감동적인 작품입니다.

❷ **비속어**가 **아닌 것**을 찾아 ○표 하고, ○한 말을 넣어 우리말이 바르게 사용된 문장을 쓰세요.

1 잠깐 〔 〕 주시겠어요?

(나가)

꺼져

→ 잠깐 나가 주시겠어요?

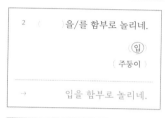

2 〔 〕을/를 함부로 놀리네.

(입)

주둥이

→ 입을 함부로 놀리네.

3 〔 〕 굴리지 마라.

(머리)

대가리

→ 머리 굴리지 마라.

❸ 밑줄 친 **지나친 높임 표현**이나 **비속어**를 바르게 고쳐 쓰세요.

1 주문하신 수제비 **나오셨습니다.**

→ 주문하신 수제비 │ 나왔습니다 │.

2 신고 오신 구두가 무척 **멋지십니다.**

→ 신고 오신 구두가 무척 │ 멋집니다 │.

3 아무래도 형이 **구라를** 친 것 같아.

→ 아무래도 형이 │ 거짓말을 │ 친 것 같아.

〔해설 참조〕

❹ 빈칸에 제시된 말을 알맞게 활용해 문장을 완성하세요.

1 이 운동화는 다음 주에 │ 출시될 │ 예정입니다.

동사 '출시되다' 활용

2 주문하신 물건이 모두 │ 준비되었습니다 │.

동사 '준비되다' 활용

3 기린은 │ 목이 │ 긴 동물이다.

비속어 '모가지' 순화

〔해설 참조〕

해설

❶ 1 '제품'은 사물이므로 높임 표현을 쓸 수 없습니다. '품절된'으로 쓰는 것이 적절합니다.

2 '찌개'는 사물이므로 높임 표현을 쓸 수 없습니다. '뜨겁습니다'로 쓰는 것이 적절합니다.

3 '작품'은 사물이므로 높임 표현을 쓸 수 없습니다. '감동적인'으로 쓰는 것이 적절합니다.

❷ 1 '꺼지다'는 '나가다'의 비속어이므로 '나가'로 쓰는 것이 적절합니다.

2 '주둥이'는 '입'의 비속어이므로 '입'으로 쓰는 것이 적절합니다.

3 '대가리'는 '머리'의 비속어이므로 '머리'로 쓰는 것이 적절합니다.

❸ 1 '수제비'는 사물이므로 높임 표현을 쓸 수 없습니다. 따라서 '나오셨습니다'를 '나왔습니다'로 고쳐 쓰는 것이 적절합니다.

2 '구두'는 사물이므로 높임 표현을 쓸 수 없습니다. 따라서 '멋지십니다'를 '멋집니다'로 고쳐 쓰는 것이 적절합니다.

3 '구라'는 '거짓말'의 비속어입니다. 따라서 '거짓말을'로 고쳐 쓰는 것이 적절합니다.

❹ 1 '운동화'는 사물이므로 높임 표현을 쓸 수 없습니다. 따라서 내용에 자연스럽게 연결되도록 '출시되다'를 활용해 '출시될'로 쓰는 것이 적절합니다.

2 '물건'은 사물이므로 높임 표현을 쓸 수 없습니다. 따라서 내용에 자연스럽게 연결되도록 '준비하다'를 활용해 '준비되었습니다', '준비되었어요' 등으로 쓰는 것이 적절합니다.

3 '모가지'는 '목'의 비속어입니다. 따라서 내용에 자연스럽게 연결되도록 '목이'로 쓰는 것이 적절합니다.

정답

해설

2 '올라가다'와 뜻이 반대인 말은 '내려가다'입니다. '내려가다'를 활용해 뜻이 자연스럽게 이어지도록 문장을 만들어 썼을 경우 정답으로 인정합니다.

3 '배를 타다'의 '타다'는 '탈것 등에 몸을 얹다'라는 뜻으로 쓰였습니다. '설탕을 타다'의 '타다'는 '다량의 액체에 소량의 액체나 가루 따위를 넣어 섞다'라는 뜻이므로 '배를 타다'의 '타다'와 전혀 관련 없는 뜻입니다. 이 뜻의 '타다'를 활용해 뜻이 자연스럽게 이어지도록 문장을 만들어 썼을 경우 정답으로 인정합니다.

4 '밥을 먹다'의 '먹다'는 '음식 따위를 입을 통하여 배 속에 들여보내다'라는 뜻으로 쓰였으며, '나이를 먹다'의 '먹다'는 '나이를 더하다'라는 뜻으로 쓰였습니다. 두 '먹다'는 서로 관련 있는 뜻이므로 서로의 다의어입니다. 이 뜻의 '먹다'를 활용해 뜻이 자연스럽게 이어지도록 문장을 만들어 썼을 경우 정답으로 인정합니다.

2 '감자떡'은 뜻을 가진 더 작은 부분인 '감자/떡'으로 나눌 수 있지만, '감자'는 뜻을 가진 더 작은 부분으로 나눌 수 없습니다. 따라서 '감자'는 단일어입니다. '감자'를 사용해 뜻이 자연스럽게 이어지는 문장을 만들어 썼을 경우 정답으로 인정합니다.

3 '콩밥'은 실질적인 뜻이 있는 말 '콩'과 '밥'이 합쳐진 말이므로 합성어입니다. '콩밥'을 사용해 뜻이 자연스럽게 이어지는 문장을 만들어 썼을 경우 정답으로 인정합니다.

4 '헛소리'는 실질적인 뜻이 있는 말 '소리'에, 항상 다른 말에 붙어서 뜻을 더해 주는 말 '헛-'이 합쳐진 말이므로 파생어입니다. '헛소리'를 사용해 뜻이 자연스럽게 이어지는 문장을 만들어 썼을 경우 정답으로 인정합니다.

정답

3단원 〈문장 성분〉

주어진 문장 성분에 해당하는 것을 찾아
○표 하고, ○한 말을 활용해
새로운 문장을 만드세요.

예)

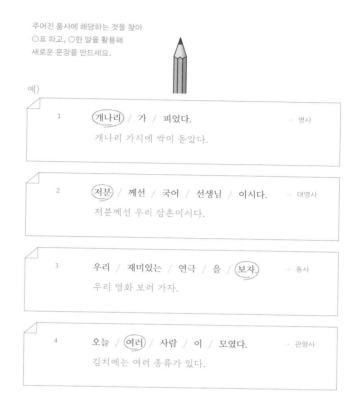

1 밝은 / (달이) / 떴다.   → 주어
   달이 지구 주위를 돌고 있다.

2 하얀 / 나비가 / 나풀나풀 / (날아간다)   → 서술어
   새가 바다로 날아간다.

3 할머니께서 / 맛있는 / (팥죽을) / 끓이셨다.   → 목적어
   어머니께서는 팥죽을 좋아하신다.

4 작은 / 참새들이 / (시끄럽게) / 짹짹거린다.   → 부사어
   교실에서 시끄럽게 떠들지 마라.

4단원 〈품사〉

주어진 품사에 해당하는 것을 찾아
○표 하고, ○한 말을 활용해
새로운 문장을 만드세요.

예)

1 (개나리) / 가 / 피었다.   → 명사
   개나리 가지에 싹이 돋았다.

2 (저분) / 께선 / 국어 / 선생님 / 이시다.   → 대명사
   저분께선 우리 삼촌이시다.

3 우리 / 재미있는 / 연극 / 을 / (보자.)   → 동사
   우리 영화 보러 가자.

4 오늘 / (여러) / 사람 / 이 / 모였다.   → 관형사
   김치에는 여러 종류가 있다.

해설

2 주어 '나비가'의 동작이나, 상태, 성질을 풀이하며, '어찌하다'에 해당하는 '날아간다'가 이 문장의 서술어입니다. '날아간다'를 사용해 뜻이 자연스럽게 이어지도록 문장을 만들어 썼을 경우 정답으로 인정합니다.

3 동작 '끓이셨다'의 대상이 되며, '무엇을'에 해당하는 '팥죽을'이 이 문장의 목적어입니다. '팥죽을'을 사용해 뜻이 자연스럽게 이어지도록 문장을 만들어 썼을 경우 정답으로 인정합니다.

4 서술어 '짹짹거린다'를 꾸며 주며, '어떻게'에 해당하는 '시끄럽게'가 이 문장의 부사어입니다. '시끄럽게'를 사용해 뜻이 자연스럽게 이어지도록 문장을 만들어 썼을 경우 정답으로 인정합니다.

2 '저분'은 특정한 사람의 이름을 대신 나타내는 말이므로 대명사입니다. '저분'을 사용해 뜻이 자연스럽게 이어지도록 문장을 만들어 썼을 경우 정답으로 인정합니다.

3 '보자'는 기본형 '보다'를 활용한 말로, 행동을 나타내는 동사입니다. '보다'를 활용해 뜻이 자연스럽게 이어지도록 문장을 만들어 썼을 경우 정답으로 인정합니다.

4 '여러'는 명사 '사람'을 꾸며 주는 말로, '-다'의 형태로 나타낼 수 없는 관형사입니다. '여러'를 사용해 뜻이 자연스럽게 이어지도록 문장을 만들어 썼을 경우 정답으로 인정합니다.

※ 주어진 단어를 활용하여, 자신만의 상상력을 발휘해 문장을 만들어 보세요!

정답

5단원 〈올바른 우리말 쓰기〉

빈칸에 들어갈 말을 바르게 쓴 것을 찾아
○표 하고, ○한 말을 활용해
새로운 문장을 만드세요.

예)

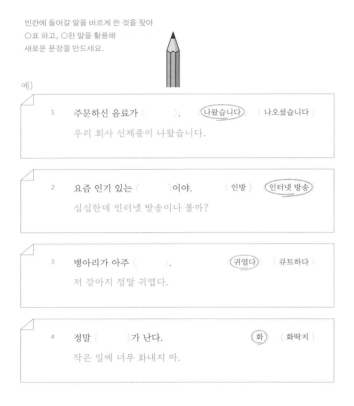

1   주문하신 음료가 (   ).   (나왔습니다)   (나오셨습니다)

     우리 회사 신제품이 나왔습니다.

2   요즘 인기 있는 (   )이야.   (인방)   (인터넷 방송)

     심심한데 인터넷 방송이나 볼까?

3   병아리가 아주 (   ).   (귀엽다)   (큐트하다)

     저 강아지 정말 귀엽다.

4   정말 (   )가 난다.   (화)   (화딱지)

     작은 일에 너무 화내지 마.

해설

2   '인방'은 '인터넷 방송'의 줄임 말이므로 '인터넷 방송'
으로 풀어 쓰는 것이 적절합니다. '인터넷 방송'을 사용
해 뜻이 자연스럽게 이어지도록 문장을 만들어 썼을 경
우 정답으로 인정합니다.

3   '큐트(cute)'는 '귀엽다'는 뜻의 외국어입니다. 따라서
'귀엽다'를 활용해 뜻이 자연스럽게 이어지도록 문장을
만들어 썼을 경우 정답으로 인정합니다.

4   '화딱지'는 '화'의 비속어입니다. 따라서 '화'를 사용해
뜻이 자연스럽게 이어지도록 문장을 만들어 썼을 경우
정답으로 인정합니다.

대단원별 단원 평가 문제지는 키출판사 홈페이지 자료실 혹은 표지
뒷면의 QR코드를 통해 다운로드 가능합니다.